우리가
말하지 않는
지구

일러두기

○ 단행본은 『 』, 잡지와 신문은 《 》, 논문과 기사 제목은 「 」, TV 프로그램 제목은 < >로 구분해 표기했습니다.

○ 4장의 '아이를 위한 지구는 없다'는 『걸어갑니다, 세계 속으로』(김가람, 2023, 한빛라이프)에 수록된 단편과 동일한 실제 경험을 바탕으로 재구성한 글입니다. 내용상 유사한 부분이 있으며, 이는 저자와 해당 출판사 간의 합의에 따라 수록되었습니다.

우리가
말하지 않는
지구

김가람 지음

알에이치코리아

프롤로그

공항을 나서자 마른 바람이 불어왔다. 봄에서 여름으로 가는 길목에 선 서울과 달리 5월의 케이프타운Cape Town은 따사로운 겨울이 시작되고 있었다. 〈걸어서 세계 속으로〉 출장이 늘 그렇듯 혼자 택시를 타고 시내의 숙소로 향했다. 집을 떠난 지 24시간, 따뜻한 샤워가 간절했던 나는 바로 욕실로 향했다. 그때 '데이 제로Day Zero'(극심한 가뭄으로 케이프타운 저수지의 물 비축량이 13.5% 아래로 떨어져 도시의 상수도가 폐쇄되는 날) 스티커가 눈에 들어왔다.

친애하는 손님,
이번 달 케이프타운의 물 비축량이 0이 될 수 있습니다.
부디 샤워를 빨리 끝내주세요.

기후 위기가 먼 미래의 일이 아니었구나, 하고 무거운 마음으로 샤워를 빨리 끝냈냐고? 절대로. 이거 봐, 또 겁주네. 비가 안 내리면 물을 옆 나라에서 사 오기라도 해야지. 관광으로 먹고사는 동네에서 아마추어같이 이게 무슨 짓이야? '데이 제로' 스티커는 숙소가 비용을 아끼려는 수작으로밖에 보이지 않았다. 공항에서 시내로 오는 길에 본 풍요로운 풍경은 확신을 더했다. 일상이 된 가뭄에 끼니를 잇기도 힘든 아프리카의 어느 외딴 마을도 아니고, 매년 1,000만 명이 찾는 관광지에 물이 마를 리 없다.

나는 온수를 콸콸 틀어 20시간 비행의 피로가 풀릴 만큼 오래 샤워를 했다. 샤워 중에 물이 끊기기라도 하면 리뷰로 벌하리라 다짐하며.

1년 뒤, 남태평양의 피지로 신혼여행을 떠났다. 예능 프로그램 〈정글의 법칙〉 촬영지이기도 했던 야사와 군도는 본섬에서도 배로 5시간을 들어가야 하는 외딴곳이었다. 식당도 자동차도 없는 조용한 섬, 우리의 숙소는 야자나무에 둘러싸인 작은 텐트였다. 머리맡에는 작은 발전기에 연결된 선풍기가 있었는데, 그게 무슨 의미인지 몰랐던 나는 한국에서 챙겨온 헤어드라이어를 꺼냈다. 바람 세기를 '강'으로 두고 머리를 3초쯤 말렸을까? 선풍기와 드라이어가 동시에 꺼져버렸다. 당황해서 찾아간 숙소 카운터에는 이미 한바탕 난리가 나 있었다. 주방의 냉장고, 전등,

식당 천장의 팬까지 모두 멈춘 것이다. 모든 눈이 드라이어를 든 나를 향했고, '소비자의 권리'를 주장하러 찾아간 나는 쥐구멍에라도 숨고 싶었다. 내가 섬을 정전시켰다고? 이 섬의 식당은 여기뿐인데…. 이 더운 날 냉장고가 꺼지면 식재료를 다 버려야 할 판이었다. 그제서야 카운터에 붙은 안내 문구가 눈에 들어왔다.

전력 과부하의 위험이 있으니
헤어드라이어를 사용하지 말아주세요.

다행히 몇 분 뒤 전기는 다시 들어왔고, 나는 드라이어를 가방에 꼭 넣어두겠다는 약속을 하고서 텐트로 돌아왔다. 그때 깨달았다. 두꺼비집만 내려가도 오늘 저녁은 먹을 수 있을지, 선풍기도 없이 얼마나 더울지, 곧 어두워지는데 화장실은 어떻게 찾아갈지 오만가지 걱정으로 발을 동동 구르게 된다는 걸. 막상 홍수로 침대가 잠기거나 물이 하루만 끊겨도 리뷰로 따져 묻겠다는 야무진 계획 따위는 생각도 나지 않을 거라는 걸. 내 행동이 곧장 일상에 금을 낸 순간, 더 이상 케이프타운에서 그랬듯 '돈 내고 물 쓰는 고객'이라며 선을 긋고 책임을 피할 수는 없었다. 혹여나 물이나 전기가 끊긴다면 이 섬에서 가장 곤경에 처할 사람은 이웃도 기술도 없는 나였다. 그날 내가 마주한 것은 현재의 사회 시스템이 이상 기후로 무너질 때 그지없이 취약해질 나 자신의 처지, 바로 그것이었다.

　유엔 산하 기후 변화에 관한 정부 간 협의체인 IPCC의 보고서에 의하면, 추가적인 감축 노력이 없을 경우 이번 세기말까지 기온은 산업화 이전 대비 3.2℃, 최악의 경우 4.4℃ 상승할 것으로 예상된다.[1] 다음은 지금부터 모든 감축 약속이 이행되면 기대해 볼 수 있는 '희망편'인 2℃ 상승 시나리오와 지금까지 그랬듯 감축 목표 달성을 계속 실패하면 벌어질 '절망편'인 4℃ 상승 시나리오다.

　기온이 2℃ 오르면,
　전 세계 해양 환경을 지탱하는 열대 산호초가 사라진다.
　약 23억 명이 매년 치명적인 열과 습도에 노출된다.
　약 4억 명이 심각한 가뭄으로 인해 물 부족을 겪는다.

　기온이 4℃ 오르면,
　남극과 그린란드의 빙하가 녹고,
　전 세계 빙하의 질량이 최대 57% 감소한다.
　해수면 상승으로 현재 약 7억 명의 사람들이 사는 해안 도시들이 물에 잠긴다.
　3대 식량 작물인 옥수수의 전 세계 재배지가 동시에 수확 손

실을 겪을 확률이 현재 0%에서 86%로 증가한다.[2]

솔직히 이 모든 일이 벌어져도 서울에 사는 나는 괜찮을 것 같았다. 애석하지만 이미 더운 동남아시아나 아프리카가 더 뜨거워지고 물에 잠기지, 우린 좀 더 더워져도 무사할 테니까. 에어컨을 더 틀면 되니까. 물이 부족해져서 수도 요금이 지금의 서너 배가 된다 해도 외식을 몇 번 덜 하면 되고, 해수면 상승으로 설사 서울이 물에 잠겨도 우리 집은 3층이니까 괜찮지 않을까? 열심히 일하면 나에게 닿을 기후 위기를 돈으로 막을 수 있을 것만 같았다.

환경 잔소리에 무심했던 이유는 지구가 뜨거워지고 있다는 사실을 믿지 않아서가 아니었다. 다만 저 멀리 어슴푸레 보이는 환경 문제보다 내 삶에 더 빨리, 깊숙이 영향을 미칠 일들에 집중하고 싶었을 뿐이다. 온수를 콸콸 틀어 샤워한 뒤 산뜻한 기분으로 출장 첫날부터 멋진 일몰을 촬영해 좋은 프로그램을 만들고, 에어컨을 빵빵하게 켠 채 푹신한 이불을 덮고서 다음 날의 촬영 일정을 확인하며 하루하루를 잘 살아내고 싶었다. 오늘 물과 전기를 아낀다고 해서 미래에 어떤 일이 일어나고 안 일어날지는 잘 그려지지 않았다. 반면, 오늘 촬영장에서 어떻게 행동했는지가 프로그램과 인생에 미치는 영향은 너무도 또렷했다.

노후 준비도 안 된 직장인이 미래 세대를 위한 환경에 관심을 갖는 것도 영 효율이 나빠 보였다. 거기에 내가 애써봤자 중국, 인도가 안 바뀌면 소용없을 거라는 그럴듯한 핑계까지. 하지만 '메이드 인 차이나' 물건을 다 뺏겠다고 하면 또 할 말이 없어지는, 나는 그런 적당히 무심하고 계산이 빠른 인간이었다. 환경에 관심을 갖는 사람을 한심하게 바라보는 이들을 보면, 마음이 아프면서도 아주 가까운 과거의 내 모습이 보인다.

내가 다녀가고 1년 뒤, 케이프타운의 '데이 제로' 사인은 바뀌었다. 요구 사항은 한층 까다로워졌고 어조는 강경해졌다.

> 샤워는 2분만 해주세요.
> 갈색이면 물을 내리고 노란색이면 그냥 두세요.
> 변기 물을 한 번 내리면 하루 마실 물이 사라집니다.

3년째 비가 내리지 않은 겨울, 케이프타운은 시민과 방문객의 물 사용량을 하루 50L로 제한했다.[3] (참고로 서울 1인 가구의 하루 물 사용량은 264L다.[4]) 그보다 더 많이 사용하는 사람은 3배의 수도 요금을 내야 했다. 그럼에도 물 사용을 줄이지 않은 가구는 지도 위에 붉은 점으로 찍혀 온라인에 공개되었다.[5] 그렇게 한 달, 겨우 30일 만에 케이프타운은 하루 물 사용량을 절반으로 줄이는 데 성공했다. 그렇게 가까스로 '데이 제로'를 미뤄가던 6월,

반가운 겨울비가 세차게 내렸고 댐은 다시 차오르기 시작했다.

100년 만에 찾아온 최악의 가뭄에도 사람들은 버티고 생존했다. 물 사용을 극단적으로 줄이라는 지침을 감당하지 못한 작은 식당과 숙소는 문을 닫았고, 물을 구걸하러 다니던 비공식 거주지의 흑인들 다수가 목숨을 잃었지만, 형편이 나은 사람들은 물을 사려고 마트에 길게 줄을 섰다. 그러거나 말거나 더 여유 있는 사람들은 다른 지역의 우물에서 불법으로 퍼 온 물을 밀수업자에게 사서 수영장의 물을 채웠다.

기온이 2℃, 더 나아가 4℃ 상승한들 인류는 멸망하지 않을 것이다. 다만 더 많은 사람들이 물과 식량을 구하지 못해 난민이 되거나 전쟁에 휘말릴 것이고, 점점 더 가까운 곳에서 전례 없는 폭염과 홍수로 절망을 목격하게 될 것이다. 우리는 갑자기 죽지 않는다. 천천히 고통을 느끼고 비용을 치르며 오래오래 살 것이다. 극심한 식량난과 이상 기후로 인한 대규모 이주 행렬에도 높은 담을 쌓고 빗장을 걸어 잠근 부유한 사람들은 재앙을 피할 수 있을 것이다. 몇 세기에 걸쳐 인류가 이룬 평등, 자유, 인간의 존엄성, 민주주의와 같은 유산은 휴지 조각이 되겠지만.

케이프타운에 '데이 제로'는 오지 않았다. 하지만 그걸 막아내는 과정은 혹독했다. 약하고 가난한 사람들이 먼저 쓰러져 갔다.

우리와 우리의 아이들이 그런 고통과 혼란을 가능한 짧게 경험하고 삶의 방식을 바꿀 수 있길 바라는 마음으로 이 책을 썼다. 일등석을 사고 개인 경호원을 고용할 돈이 없는 나 같은 직장인도 세계를 누빌 수 있었던 우리 시대의 즐거운 여행이 다음 세대에도 이어지길.

차 례

프롤로그   004

1장
걸어서 환경 속으로

쓰레기는 어디로 갔을까?   018
18년의 불운   024

2장
옷을 위한 지구는 없다

단체 티셔츠를 버리다가   034
옷은 죽지 않는다   039
옷의 강   048
159만 원짜리 쓰레기   052
플라스틱 전투복   060
지구를 살리는 착한 소비   070
손가락의 방향이 잘못됐다   077
엘프와 조커의 본보기   081

3장
먹다 버릴 지구는 없다

아이스크림의 행방	100
두 나라가 음식물 쓰레기를 대하는 방식	104
슬프고 우울한 쾌락의 언덕	108
자연의 선물이라는 착각	113
수요 없는 공급의 냄새	121
음식을 버리면 벌받는 세상	129
맨 앞에 있는 우유를 집어주세요	137

4장
아이를 위한 지구는 없다

다뉴브 삼각주에서 카메라가 고장 나면	152
아이를 위한 지구는 없다	158
쓰레기장으로 가기 위한 디자인	170
살 때는 고객님, 고칠 때는 호갱님	180

5장
결코 평등하지 않은 세계

'내돈내산' 같은 소리	200
기후 회의에 전용기를 타고 오는 사람들	207
인류세, 맞습니까?	214
얼어 죽겠는데 무슨 지구 온난화	219
스스로 못하는 어른이	224
한가한 소리 하지 말라는 한가한 소리	229
모두가 한국인처럼 산다면	234
아파도 싼 사람들	242

6장
딱 내 몫만큼의 지구

초여름엔 가뭄 특집, 늦여름엔 수해 특집	250
'빠'와 '까' 사이	258
겹겹의 환대	266
평생 다 쓰지 못할 립스틱	271
가장 손쉽게 자유를 누리는 방법	275
쇼핑의 규칙	279
기특하고 사랑스러운	285
아리수와 오 드 파리	291
근거 있는 희망	298

에필로그 이 책의 시의성이 어서 사라지기를   303
미주   306

1장

걸어서 환경 속으로

쓰레기는 어디로 갔을까?

"마을은 쓰레기를 가져다 태우기에
아주 적당한 곳이었다."

그해 봄은 말도 안 되는 일들이 일어나던 시기였다. 이를테면 PD의 재택근무, 마스크를 쓴 아나운서의 뉴스 진행, 저명한 해외 전문가에게 화상 인터뷰 요청하기. 반대로 원래 쉬웠던 일들은 좀처럼 되는 게 없었다. 거절하는 상대가 '코로나 때문에'라고 운을 떼면 짐작 가는 실제 이유야 어떻든 더 이상 설득할 명분이 사라졌다. 병원 촬영이 안 되는데 〈생로병사의 비밀〉 제작하기, 먹방 촬영이 안 되는데 〈6시 내 고향〉 제작하기와 같은 미션 임파서블이 이어지던 때, 오랜만에 마주친 선배의 안부 인사가 황당무계하게 들릴 정도였다.

"일은 잘돼가지?"

"요즘 일이 잘되면 그게 수상한 사람 아닐까요?"

그러거나 말거나 방송 날짜는 성큼 다가왔고 어디로든 달려 나가야 할 때가 되었다. 병원이 아닌 다른 현장을 찾아야 했다. 처음에는 호기심이었다. 전국에서 암 발병율이 가장 높은 마을은 어디일까? 검색을 거듭하다가 '암 마을'이라 불리는 곳들의 존재를 알게 되었다. 마음은 급한데 그 마을들은 하나같이 '은근히' 멀리 있었다. 고속도로를 타면 수도권에서 금방인데, 기차역이나 여행지에서는 꽤 거리가 있는 충청북도와 전라북도의 시골 마을들. 그곳에는 늘 불청객으로 살아온 교양 PD를 격하게 반겨주는 주민들이 있었다.

"우리 동네에 시멘트 공장이 들어선다는데 취재 좀 해줘요."

"물 맑고 공기 좋은 마을에 소각장이 웬 말이냐!"

물 맑고 공기 좋은 마을이라. 〈6시 내 고향〉을 만들던 신입 PD 시절 전국 어딜 가나 듣던 바로 그 말. 이 닳고 닳은 수식어를 처음으로 곱씹었다. 물이 맑고 공기 좋은 곳에 공장과 소각장을 지으면 안 된다면, 그럼 어디에 지어야 할까? 물이 더럽고 공기가 탁한 곳에 지어야 할까? 처음부터 물이 더럽고 공기가 탁한 동네가 있을까? 우리 동네의 물이 맑고 공기가 좋은 건 그동안 다른 동네에서 공장이 돌아가고, 쓰레기가 처리되었기 때문은 아닐까?

"기침을 많이 하니까 머리가 부서질 것처럼 아파서 잠을 못 자."
"새벽에 소각장 쪽으로 가면 그리로 고개를 못 돌려. 냄새가 막 말도 못 해. 썩은 내가 나."
"아이구, 보여주기 남사스러운데, 여기 배에 진물이 줄줄 흘러."

경로당에 모인 어르신들은 팔과 다리를 걷어 보였다. 심한 가려움에 긁어서 생긴 피딱지가 온 몸을 덮고 있었다. 반경 2km 내에 있는 소각장만 3개, 하루 550톤의 폐기물이 소각되는 이 마을은 이미 거주 인구의 31%가 암에 걸린 터였다. 한 어르신이 휴대폰으로 직접 찍었다는 영상에서는 분홍색 연기가 굴뚝에서 피어오르고 있었다.

이른 새벽이면 매캐한 연기로 뒤덮인다는 마을을 병들게 한 건 주민들이 버린 쓰레기가 아니었다. 마을은 쓰레기를 가져다 태우기에 아주 적당한 곳이었다. 국토의 중심이라 전국에서 산업 폐기물을 가져오기에는 가까우면서 서울까지 불만이 닿기에는 멀고, 인구는 적은데 땅값은 저렴했다. 우리나라 인구의 0.008%가 사는 충북 청주시 북이면에서 전국 쓰레기 소각량의 6.5%가 처리되고 있는 이유였다. 이 마을의 한 소각장은 허가량보다 더 많은 쓰레기를 소각하다 적발되었고, 또 다른 소각장은 1급 발암물질인 다이옥신을 허용 기준치보다 5배 넘게 배출한 사실이 밝혀지기도 했다. 그러거나 말거나, 마을에 있는 세 소각장의 하루 총 소각량은 1999년 15톤에서 20년 사이 36배 증가했다. 그

걸로는 부족해 이웃한 오창읍에는 새로운 소각장 건설이 추진되고 있었다. 세상이 좋아졌다는 이야기는 적어도 이 동네에서는 하면 안 될 말이었다.

"방송 촬영 온다고 날짜 잡지? 그러면 귀신같이 알고 연기를 안 내보내. 오늘은 좀 나은 거야. 공무원도 기자도 안 오는 주말 새벽이 제일 심하다고."

뒤늦게 시행된 주민건강영향조사의 결과는 참혹했다. 북이면 주민들의 소변에서는 1급 발암물질인 카드뮴이 성인 평균치의 최대 5.7배까지 검출되었다. 또한 인접한 충북 보은, 음성군보다 남성의 담낭암 발생률이 2.63배, 여성의 신장암 발생률은 2.79배 높았다.[1]

불운이 겹친 어느 한 마을의 딱한 사정이 아니다. 북이면이 속한 충북의 발암물질 배출량은 전국 16개 광역자치단체 중 1위다.[2] 충북의 면적이 우리나라의 7.4%, 인구가 3%인 것을 고려하면 17.8%의 발암물질 배출량은 자연스럽지 않은 결과다. 또 하나, 배출의 원인을 제공하는 곳이 결과를 감당하지 않는 현실을 적나라하게 보여준다. 충북이 1755.5톤을 배출한 같은 해, 서울의 발암물질 배출량은 9톤도 아닌 9kg이었다. 전국 3%의 인구가 17.8%를 배출하는 동안 18.1%의 인구가 0.00009%를 배출했다는 말이 된다.

"아버님, 촬영은 끝났는데 그냥 궁금해서요. 정말 원하시는 게 뭔지 여쭤봐도 될까요? 구체적인 보상이라든지, 이주라든지 어떤 거든 어르신이 원하시는 거요."

경로당 구석에서 남들이 하는 말을 잠자코 듣기만 하던 어르신이 신문을 집어 들었다. 세로로 접혀 얇은 비닐로 포장된 신문이었다.

"서울 가면 말이요. 이런 거 만드는 회사 사장들 다 만날 거 아니요? 이런 비닐 포장 좀 하지 말라고 전해줘요. 거기서 만들면 다 여기서 태워지는 거 오늘 봤잖아. 서울 쓰레기가 다 어디로 가겠어요? 아가씨 집 앞에서 태워요? 우리 동네 같은 데로 오지. 처음부터 안 만들면 안 태워도 될 거 아니요."

원인도 결과도 틀린 게 하나 없는 말에 나는 멋쩍은 웃음을 지을 수밖에 없었다. 늘 그렇듯 "네, 아버님" 하고 고개를 끄덕였지만 어르신의 부탁은 내가 들어드릴 수 없는 것이었다. 꼭 전하겠다고 약속한 말을 빚처럼 이고 서울로 향하는 길, 그날 촬영이 끝났다는 개운함 대신 이제껏 해야 할 일을 하지 않았다는 찝찝함이 마음을 눌렀다.

퇴근 시간의 정체를 뚫고 돌아온 여의도의 저녁은 노을이 물들고 있었다. 소각장 굴뚝의 연기를 닮은 분홍빛 하늘이 생경하게 느껴졌다. 공원에서는 스케이트보드를 타는 아이들의 웃음이 흘러나오고, 식당이 늘어선 거리에는 쓰레기 하나 보이지 않았다. 국회 앞은 언제나처럼 깨끗했다. 선거철이면 현수막이 이보다 자주 바뀌는 곳도 없지만, 천 조각으로 꽉 찬 쓰레기통이나 현수막을 태워서 나는 연기 같은 건 볼 수 없었다. 서울의 쓰레기를 가져다 태워주고, 전기를 만들어 서울로 보내면서 병들고 더러운 곳이라 손가락질당하는 곳들은 따로 있었다.

지구가 넓으니 어디선가 잘 처리될 거란 생각은 어리석었다. 기술이 발달해서 어떻게 잘 사라지겠거니 했던 기대도 마찬가지였다. '내돈내산'이라며 큰소리치면 안 되는 거였다. 다른 이의 건강과 자연을 망치는 대가로 '제대로 된 값'을 치렀다는 건 말이 안 되는 일이었다. 그게 얼마인 줄 알고?

두려운 것은 다가올 재난이 아니었다. 캘리포니아의 산불보다, IPCC의 보고서보다 '전국' 뉴스가 되기 힘든 꽤나 가까운 마을들의 이야기였다. 그곳에서 만난 사람들의 억울한 얼굴, "그래도 아들, 딸은 잘 키워서 서울 보냈어" 하며 날 보시던 우리 엄마를 꼭 닮은 분들의 표정이었다.

18년의
불운

"그리고 아무 일도 일어나지 않았다."

봉고차가 샛길로 들어서자 나지막한 산 아래 길쭉하게 놓인 마을이 보였다. 비슷비슷하게 생긴 집들이 차 하나가 겨우 지나갈 좁은 길을 마주하고 서 있었다. 일주일만 있으면 동네 사람들의 얼굴을 외울 수밖에 없을 작은 마을이었다. 그래도 집 사이사이 나무가 담을 대신하고, 넓은 마당과 작은 텃밭들이 가깝지만 또 충분한 거리를 만들어주고 있었다. 휑하지도 복작대지도 않는 살기 좋은 마을. 당시 '암 마을'을 검색하면 가장 많은 기사가 쏟아져 나오던 전북 익산의 장점마을이었다.

"여기 위로는 집집마다 다 암이에요. 이 집부터 시작해서 전립선암, 폐암, 그다음에 이 집도 췌장암으로 돌아가셨고요. 저기 뒤에는 전원생활 한다고 부부가 이사 왔는데 두 분 다 암에 걸렸어요. 여기 전부 다 암 환자예요. 이 집은 부부가 같은 날 함께 돌아가신 집이고."

주민대책위원장을 따라 걷던 나는 집집마다의 사연에 자주 멈춰서야 했다. 사는 이의 이름 대신 앓고 있는 병명으로 기억되고 불리는 집들. 39가구가 사는 마을은 한낮에도 고요했다.

"우리 동네는 원래 시끌벅적한 부촌이었어. 물도 맑지, 공기도 좋지. 이제는 장점마을에서 난 거라면 고추도 안 사려고들 해."

〈6시 내 고향〉 촬영을 가면 으레 보이는 시골 강아지, 나무 아래 앉아 부채질하는 할머니들이 장점마을에는 없었다. 주민대책위원장은 내가 그날 거리에서 본 유일한 사람이었다. 막 예순 살이 되었다는 그는 무척 지쳐 보였다. 악수를 나누며 바라본 얼굴에 깃든 건 피로보다는 신물에 가까웠다. 그나마 젊어 이 일을 짊어지게 되었다는 그는 속이 터질 것 같아 다 때려치우고 싶은 마음이 굴뚝같다고 했다. 주민들 여럿이 암으로 쓰러지고 저수지의 물고기가 떼죽음을 당한 게 벌써 10년 전이었다. 내가 PD가 되기도 전에 이미 마을에 다녀간 취재진이 있었고, 수많은 정치인과 공무원들이 있었다. 그리고 아무 일도 일어나지 않았다.

그래도 어쩌겠나? 뭣도 모르는 PD 하나가 또 찾아왔고, 누군가는 마을을 보여줘야 한다는 걸 그는 알고 있었다. 그날도 나는 "널리 알리면 뭔가 바뀌지 않을까요?"라는 불량 희망을 팔러 갔다.

'송장 타는 냄새'가 시작된 것은 마을에 비료 공장이 들어선 때였다. 마당에 널어놓은 이불에도, 부엌의 창틀에도 전에 없던 시커먼 먼지가 쌓여갔다. 그냥 검기만 한 게 아니었다. 한참이 지나 알려졌지만, 그 먼지에는 발암물질이 함유되어 있었다. 2008년부터 공장에서 유기질 비료를 만들기 위해 담뱃잎 찌꺼기인 연초박을 태웠기 때문이다. 연초박을 고열로 건조하는 과정에서 배출되는 담배특이니트로사민TSNAs은 호흡기를 통해 몸속으로 들어와 식도, 위, 폐, 자궁 등에 암을 일으키는 것으로 알려져 있다. 간과 신장, 심혈관계를 손상시킬 수 있는 다환방향족 탄화수소류PAHs도 연기에 실려 마을로 퍼졌다. 원광대학교 의과대학 오경재 교수는 장점마을 주민들이 받은 영향은 필터 없는 담배 연기에 24시간 노출된 것과 같다고 했다.[3]

주민 88명 중 30명이 암에 걸렸고 그중 18명이 숨을 거뒀다. 장점마을은 갑상선암을 제외한 모든 암의 발병률이 표준인구집단 대비 2배 이상, 남성의 담낭 및 담도암은 16배, 여성의 피부암은 25배 높았다.[4] 공장 인근 저수지에서는 벤조피렌을 비롯한 발암물질 14종이 검출되었다. 이런 끔찍한 사실이 알려지기까지 10여년간 주민들은 지하수를 마셨고, 또 그 물을 끌어와 농사를 지었다.

찾아간 곳은 남편이 위암을 앓고 있는 노부부의 집이었다. 식탁의 절반은 온갖 약들 차지였다. 양념통이 놓여 있을 법한 선반에도 물약, 알약, 가루약, 바르는 약이 가득했다. 우울증약을 먹지 않으면 잠을 잘 수 없다는 말은 예상하지 못해서 마음이 더 아팠다. 어르신은 소매를 걷어 보였다. 갈라지고 딱지가 생긴 팔이 드러났다.

"긁기 시작하면 막 정신없이 긁어. 그럼 여기서 살이 찢어져가지고 피가 막 줄줄 나와. 그래도 가려우니 계속 긁어야 해. 그냥 이만큼은 끊어냈으면 좋겠어."

우울증약을 달고 살아도, 위를 절반 잘라냈어도 어쨌든 부부는 생존자였다. 그래서 외톨이가 되어 버렸다고 말하는 어르신의 눈가가 금세 젖었다. 장점마을에서 태어나고 자란 어르신은 이제 이야기할 친구도, 놀러 갈 집도 없다고 했다. 공장이 생기기 전에는 참 살기 좋았다는 어르신의 말씀에 옛날 사진이나 좀 보여달라고 한 게 잘못이었다.

마을을 떠나기 전, 꼭 가봐야 할 곳이 있었다. 골조만 남은 채 방치된 공장은 축축하고 스산했다. 15번의 행정 처분을 받은 끝에 2017년, 공장은 대기환경보전법 위반으로 폐쇄되었다. 이듬해 공장 대표는 폐암으로 사망했다. 그을린 듯 시커먼 벽 한편에는 연초박 자루를 매달았던 4개의 녹슨 쇠기둥이 있었다. 손으로 헤치기 어려울 만큼 길게 엉킨 거미줄이 문이 뜯겨 나간 자리를 덮고 있었지만, 바닥의 물웅덩이에서는 여전히 마스크로 막을 수 없는 악취가 났다. 코끝을 찌르는 냄새에 익숙해질 만하니 머리가 빙빙 도는 것 같았다. 내키지 않는 걸음을 몇 발자국 떼던 주민대책위원장이 말했다.

"나가야 돼."

순간 보았다. 무덤덤하게 암의 종류를 읊던 얼굴에 떠오른 두려움을. 백 번, 천 번 말하고 보아도 괜찮아지지 않는 일이 있음을. 마을에 국무총리가 다녀가고 회관을 지어주겠다, 건강검진을 해주겠다 해도 기쁠 리 없었다. 우리는 누구나 조용히, 그냥 살던 대로 살고 싶으니까. 보상금 타려고 이사도 안 가고 버틴다며 쏟아지는 욕설에도 주민들은 이제 그러려니 한다고 했다. 나는 그런 잔인한 말을 들을 때마다 방향이 분명한 분노를 속으로 삭인다. 같은 일이 당신에게 일어나야 말조심을 할 수 있겠냐고.

2019년 11월, 환경부는 장점마을의 집단 암 발병과 비료 공장의 유해 물질 사이에 역학적 관련성이 있다고 발표했다.[5] 환경오염과 비특이성 질환의 역학적 관련성을 정부가 인정한 것은 처음이었다. 시골 노인들의 억지로 여겨지던 일이 '인과관계'로 인정받는 순간이었다. 숨을 쉬면 가슴팍이 찢어질 것 같다는 첫 민원이 제기된 때로부터 꼬박 18년이 걸렸다. 진작에 바로잡았어야 할 문제가 '존재'한다는 것을 시간이 한참 흐른 뒤 인정받은 데에 박수를 쳐야 할까, 화를 내야 할까? 분명한 건 감히 '다행'이라는 말을 할 수는 없었다. 주민대책위원장의 가슴 터질 것 같은 억울함은 다시 10년 전 그날로 향했다. 물고기가 떼죽음을 당한 2010년이라도 공장을 멈추었더라면 참 좋았을 텐데.

21세기 대한민국에서 일어난, 그리고 여전히 현재 진행 중인 아픔 앞에서 나는 솔직히 황당했다. 우리나라에서 이런 일이 일어난다고? 17년 동안 이렇게 많은 사람이 아프고 죽어도? 15번이나 규정을 어겨도 공장이 문을 닫지 않는다고?

언론의 관심과 사회의 자원은 멀리까지 닿지 않았다. 나는 생로병사의 '비밀' 하나를 확실히 알게 되었다. 도시에는, 나라에는, 세계에는 공장과 화장실 역할을 하는 곳들이 있다. 그리고 공장과 화장실을 절대 가까이 두지 않지만 누구보다 많이 사용하는 곳들이 있다. 좋은 음식을 먹고, 운동하고, 또 운이 좋은 것만으로는 설명되지 않는 생로병사의 굴곡에는 조금씩, 그러나 오래 영향을 미치는 '환경' 문제가 있다.

장점마을 주민들의 싸움은 끝나지 않았다. 담배 제조 회사가 연초박을 보낸 곳은 장점마을뿐만이 아니었다. 위험성을 모를 리 없는 기업이 담뱃잎 찌꺼기를 비료 공장에 공급한 것을 따져 묻기 위해, 또 담배 제조 과정에서 나온 식물성 잔재물을 퇴비의 원료로 허용한 비료관리법을 고치기 위해 아픈 사람들은 또 시외버스를 탄다.

얄궂게도 세상의 모든 유해 물질들이 색과 냄새를 갖고 있지는 않다. 우리는 그 모든 것에 이름을 붙이지도 못했다. 시뻘건 녹물은 뉴스거리가 되지만, 알 수 없이 사람들이 쓰러져 가는 마을 이야기에는 사람들이 고개를 갸우뚱하는 이유다. 그 동네에도 멀쩡한 사람 있잖아? 물론 벼락을 맞고도 살아난 사람들은 있다. 그러니 우리는 가장 약한 사람들, 제일 먼저 힘들다고 주저앉는 사람들, 시끄럽고 유난스레 길을 막는 사람들의 이야기에 귀를 기울여야 한다. 아직은 나와 상관없어 보이는 그 연기가 어느날 우리 동네에 이르는 것을 막아줄 사람들은 그런 사람들이다.

그래서 나는 더러운 곳들을 찾아다니기 시작했다. '지구가 아파요' 같은 호소에 마음이 동해서 시작한 일은 아니다. 다만 누군가가 겪고 있는 긴긴 불운에 혀를 끌끌차는 것으로 취재를 마무리하고 싶지 않았다. 우리가 발을 딛고 사는 환경에 돌이킬 수 없는 일이 일어나고 있다면, 잘잘못을 합리적으로 가리고 싶었다. 닥쳐올 재난의 크기를 줄이기 위해 우리의 돈과 시간을 효율적으로 쓸 방향을 찾아보고 싶었다. 오염되고 병든 마을의 불행을 불운의 탓으로 돌리는 그때. 슬그머니 자취를 감추는 것들의 발목을 붙잡고 싶었다.

2장

옷을 위한 지구는 없다

단체 티셔츠를 버리다가

"그 많은 옷들은 다 어디로 간 걸까?"

내가 근무하는 KBS 연구동은 국회의사당 바로 길 건너에 있다. 서울 중심지가 으레 그렇긴 하지만 특히나 이곳에서는 지저분한 것을 보거나 불쾌한 냄새를 맡을 일이 없다. 음식물 쓰레기는 깜깜한 밤에 치워지고, 아무렇게나 뒤섞인 분리수거함도 아침이면 깨끗이 비워져 있다.

옷도 마찬가지다. 선거철에 맞춰 입었던 단체 점퍼는 주인이 국회에 입성하고 나면 여의도 밖으로 치워진다. 어디엔가 묻히거나 태워지겠지, 어디에 보내면 이것도 좋다고 입는 사람이 있겠지. 쓰레기의 행선지는 상상의 영역에 존재한다.

사실 옷은 참 마음 편한 쓰레기다. 수거함에 넣으면 고맙게 입혀질 것이란 믿음과 함께 눈앞에서 사라져 주니까. 사기도 쉬운데 버리기는 더 쉽다. 돈 주고 산 종량제 봉투에 꾹꾹 눌러 담을 필요도, 종류별로 모아 분리배출을 할 필요도 없다. 습한 여름에 며칠 동안 쌓아두어도 냄새가 나거나 파리가 꼬이지도 않는다. 헌 옷 수거함은 365일 24시간 열려 있고, 다른 동네의 수거함에 옷을 버려도 뭐라 하는 사람은 없다. 플라스틱, 음식물을 비롯해 세상 모든 쓰레기를 줄이자는 캠페인 속에서도 옷을 줄이라는 잔소리는 좀처럼 들리지 않는다.

이쯤이면 우리는 합리적 의심을 하게 된다. 옷이 쓰레기는 맞나? 쓰임이 없는데 공짜로, 시도 때도 없이 가져갈 리가 없지 않은가. 그렇다면 쓰임이 있는 물건을 공짜로 내놓는 나는 일종의 자선 행위를 하고 있는 셈이다. 제법 비싼데 얼마 입지 않은 것일수록 내어놓는 마음은 더 가벼웠다. 누군지 몰라도 가져가는 분은 땡잡았네.

늘 그렇듯 좋은 일을 하는 마음으로 헌 옷을 잔뜩 내놓던 어느 날이었다. 들고 나온 옷가지 중에서 〈대한민국 창업 프로젝트 천지창조〉라는 프로그램 제목이 등판도 아닌 가슴팍에 박힌 단체 티셔츠를 보는 순간 멈칫했다. 이건 안 되겠는데? 이 옷을 입으려는 사람이 있을까? 질문은 답을 찾지 못한 채 꼬리에 꼬리를 물고 이어졌다. 적어도 내 주변에는 이걸 고맙게 입을 사람이 없을 것 같은데… 당근마켓에 내놓아도 욕먹을 것 같단 말이지. 그래도 누군가는 멀쩡한 검은 티셔츠가 필요하지 않을까? 아니, 지하상가에서 새 티셔츠를 5,000원에 파는데 굳이 '천지창조'를 입을 필요는 없겠지. 내 손으로 스태프들에게 나눠준 '천지창조'만 100장은 될텐데 그 많은 옷들은 다 어디로 간 걸까?

처음에는 지방 어느 소각장에서 태워질 거라 생각했다. 순전히 호기심에 헌 옷들의 행방을 찾던 중 해외 인스타그램 계정에서 믿기 힘든 사진 하나를 보게 됐다. 헌 옷이 켜켜이 쌓인 언덕 위에서 소들이 풀 대신 합성 섬유를 우물우물 씹는 모습이었다. 헌 옷들은 계속해서 수레에 실려 오고, 한편에선 오래된 옷들이 불타며 검은 연기를 뿜고 있었다. 사진이 찍힌 곳은 가나의 중고 시장, 사진을 찍은 이는 환경 단체 오알 파운데이션 OR Foundation 의 대표 엘리자베스 리켓 Elizabeth Rickett 이었다. 나는 떨리는 마음으로 공손하고 긴 이메일을 보냈고, 며칠 뒤 포천의 염색 공장으로 향하던 봉고차 안에서 줌 미팅으로 그녀를 만날 수 있었다.

"한국에서 온 헌 옷도 본 적이 있나요?"

"그럼요, 매주 봐요. 노란색 포대에 'Made in Korea'가 적혀 있어서 아주 눈에 띄죠."

〈옷을 위한 지구는 없다〉는 그렇게 시작되었다. 〈환경스페셜〉

팀에 오면서 패스트패션 문제를 다뤄보고 싶다는 생각은 했지만 기존 프로그램들과 다르게 만들 자신이 없어 미뤄둔 터였다. 이미 패스트패션과 환경 문제를 다룬 다큐멘터리는 꽤 있었다. 그러나 "저도 제가 왜 이러는지 모르겠어요"라고 말하는 쇼핑에 중독된 젊은 여성을 한심한 듯, 기이한 듯 소개하다가 해외 의류 공장, 헌 옷 수거함을 지나 업사이클링과 친환경 패션 아이템 소개로 마무리되는 프로그램들의 목록에 한 줄을 더하고 싶지는 않았다. 그런데 쓰레기 산에서 옷 조각을 뜯는 소를 본 순간, 뭔가 다른 걸 만들어 볼 수 있겠다는 확신이 들었다.

때가 무르익기도 했다. 2주마다 새로운 디자인이 나오는 H&M의 저가 '패스트패션'을 넘어 매주 수백 개의 신상을 쏟아내는 쉬인SHEIN, 아소스ASOS의 초저가 '울트라패스트패션' 시대가 열렸다. 쉬인에서는 2달러짜리 티셔츠, 5달러짜리 바지가 흔했다. 100달러에 옷을 30개쯤 주문해서 괜찮은 것만 골라내고 나머지는 버리는 '쉬인 깡'은 한국보다 앞서 2020년 유럽에서 이미 시작된 '놀이'였다.

오래 입을 필요가 없으니 질이 좋을 이유가 없었다. 옷이 사탕 껍질 같다는 말은 그저 비유가 아니었다. 합성 섬유로 만든 옷과 사탕 껍질은 둘 다 플라스틱이다. 게다가 색도 제각각이고 여러 소재가 섞여 있어 좀처럼 재활용이 어려운 골치 아픈 플라스틱.

플라스틱이라면 모두 치를 떠는 지금, "옷이 플라스틱입니다"라고 외치기 딱 좋은 때가 왔다.

옷은
죽지 않는다

"그건 우리의 삶이 게워낸
토사물이나 마찬가지였다."

 가끔 상상한다. 먼 나라 소들이 벌인 잠깐의 소동이었다면 어땠을까? 음식물 냄새를 맡고 온 소들이 호기심에 헌 옷을 씹다가 환경 운동가들에게 발견된 거라면 3분짜리 해외 토픽으로 적당했을 텐데. SBS 〈동물농장〉에 나올 법한 수의사 선생님이 "다행히 소들 건강에는 별 문제가 없네요"라고 멋쩍은 진단을 내리고 "얘들아, 이제 옷 먹으면 안 된다"라는 익살스러운 내레이션으로 마무리되었다면 좋았을 텐데.
 인스타그램은 일상이 아닌 하이라이트를 전시하는 곳이라고들 한다. 하지만 '옷 먹는 소'의 사진이 찍힌 가나 아크라Accra에는 화면에 전부 담지도 못할 죽음의 세계가 있었다. 불타는 것은 옷이었지만, 죽어가는 것은 옷이 아니었다. 죽는 속도보다 태어나는 속도가 빠른 옷들은 무한 증식하며 그곳의 흙과 물을 꿰매버렸다.

"속옷, 스웨터, 정장까지 온갖 옷들이 그물에 걸려 올라와요. 해변에도 옷들이 있지만 바닷속 깊은 곳에도 옷들이 많습니다. 종종 이런 옷들이 배의 모터에 끼어 문제를 일으키기도 하고요."

대서양의 거친 파도는 해변에 닿을 때마다 사람보다 큰 실타래를 토해냈다. 길게 엉킨 옷 뭉치를 건져내느라 기진맥진한 키톨리 씨와 콜리 씨는 어부였다.

산 적도, 입은 적도 없는 옷들을 치우는 것은 어부들의 일과가 되었다. 막스 앤 스펜서Marks&Spencer 라벨이 달린 청바지, 앞코가 뚫린 여름용 구두와 줄무늬 셔츠, 모래를 머금은 스웨터, 무엇이었는지 알 수 없는 하늘하늘한 핑크색 천이 폭 젖은 채 서로 얽히고설켜 해안가를 떠다녔다. 환경 단체 오알 파운데이션이 해변에서 건져 올린 옷 뭉치만 한 해 2,000개가 넘었다.

어부들은 그 '합성 섬유 해조류'들을 바위 옆에 쌓아두었다. 좋다고 그 옷을 가져가는 사람은 없었다. 선진국들은 중고 의류 무역이 새 옷을 살 돈이 없는 아프리카 사람들을 돕는 것이라 했는데 말이다. 그 말이 맞다면, 이건 다 북반구 생산과 소비의 '울트라패스트' 속도에 맞춰 헌 옷을 재깍재깍 주워 입지 못한 게으른 사람들 탓이다.

헌 옷 뭉치는 가나의 항구, 중고 시장, 배수구와 강을 거쳐 대서양으로 흘러 들어갔다. 가나의 수도 아크라에는 서아프리카 최대의 중고 의류 시장인 '칸타만토'가 있다. 2021년 가나는 중고 의류 수입에서 세계 1위를 기록했다.[1] 인구가 3,000만 명인 가나에 매주 수입되는 헌 옷은 1,500만 개에 달한다.[2]

컨테이너가 시장 입구에 도착하면, 상인들은 도매상에게 헌 옷을 포대째로 사서 축구장 10개 면적의 시장 곳곳으로 흩어졌다. 노끈으로 꽉 묶여 60kg 정도 나가는 포대 한 자루는 약 100달러인데 상인들은 값을 치르기 전에는 포대를 열어볼 수조차 없었다. 운이 나쁘면 피가 잔뜩 묻은 옷들만 나오기도 하고, 닳고 오염된 옷들만 나오는 날도 있었다.

"오늘 받은 포대에는 쓸 만한 옷이 거의 없어요. 상태가 좋은 옷은 30벌도 안 돼요."

"손님들이 검은 옷은 사지 않아요. 이건 우리에게 쓰레기예요."

상인들은 수입된 헌 옷을 '죽은 백인의 옷'이라 불렀다. 그러나 그곳에는 살아 있는 한국인의 옷도 많았다. 상인이 펼쳐 보인 빨간색 티셔츠에는 '우리는 대~한민국입니다'라는 구호가 선명했는데 디자인을 보아하니 2006년 월드컵 때 제작된 응원 티셔츠였다. 그 옷을 보니 내가 버린 '천지창조' 티셔츠의 행방이 더 이상 궁금하지 않았다. 한국에서 헌 옷 수거함에 넣는 옷의 약 95%를 비롯해 전 세계에서 매년 400만 톤에 달하는 헌 옷이 동남아시아, 아프리카 등으로 수출되고 있다.[3] 심지어 우리나라는 미국, 중국, 영국, 독일에 이어 세계에서 다섯 번째로 많은 헌 옷을 수출한다.[4]

헌 옷 수거함에 깨끗한 옷을 넣었냐 아니냐는 문제의 핵심이 아니었다. 내가 버린 옷을 누군가 고맙게 입을 수는 있다. 그런데 지금처럼 1년에 1,000억 개씩 찍어낸다면, 그걸 다 팔고 다 입는 것은 불가능하다. 칸타만토 중고 시장 역시 팔리는 양에 비해 들어오는 양이 너무 많았다. 수입된 중고 의류의 40%는 끝내 주인을 찾지 못했다.[5] 그 결과 칸타만토에서만 매일 100톤의 헌 옷들이 버려지는데, 충분한 매립지가 없어 70%는 비공식적으로 처리되고 있었다.[6] 칸타만토 시장에서 1km도 떨어지지 않은 오다우강의 거대한 옷 무덤은 그렇게 생겨났다.

강둑에서는 연기가 계속 뿜어져 나오고 있었다. 옷이 타는 연기가 피어오르는 곳은 바로 높이 20m의 옷 무덤이었다. 바다에서는 긴 촉수처럼 넘실대던 옷 뭉치들이 이곳에서는 쏟아지는 폭포처럼 축 늘어져 지층을 이뤘다. 30여 마리의 소는 그 무덤

위에서 먹을 것을 찾고 있었다. 어디를 보는지 알 수 없는 소가 우물우물 씹고 있는 것은 분명 파란 실 뭉치였다. 소들 옆에서 플라스틱 조각을 주워 생계를 이어가는 사람들은 구멍 난 바지를 입고 있었지만 버려진 H&M 바지에는 눈길조차 주지 않았다. 옷 무덤이 강으로 넘쳐 흐르는 것을 막기 위해 주민들은 자발적으로 불을 지르고 있었다.

그럼에도 불구하고 강은 더 이상 흐르지 않았다. 멀리서 보면 메마른 자갈밭처럼 보이던 강바닥에는 페트병과 옷가지가 켜켜이 쌓여 있었다. 강연에서 오다우강의 모습을 보여주면 아이들은 얼굴을 찡그리며 말했다.

"토 나와요."

적확한 표현이었다. 그건 우리의 삶이 게워낸 토사물이나 마찬가지였다. 만들고 팔고 사다가 토해낸 것들이 거기 쌓여 있었다. 알록달록한 옷들이 중고 시장에서, 매립지에서, 배수구에서, 강에서, 바다에서 소리 없는 아우성을 치다가 이내 길들을 막고, 우유곽 같은 집들을 삼켜버릴 것 같았다.

"여기로 이 많은 옷들이 오는 건 북반구의 패스트패션, 과잉 생산, 과잉 소비 때문입니다. 사람들은 팔릴 양보다 더 많이 생산하고, 입을 양보다 더 많이 구입합니다. 그러다 보니 그 옷들을 배출할 곳이 필요하게 됩니다. 중고 의류 거래가 바로 그 배출구가 된 셈이죠. 많은 사람은 헌 옷이 자선 사업에 사용되거나 재활용될 것이라 생각합니다. 하지만 헌 옷의 대다수는 결국 이곳에 오게 됩니다. 칸타만토와 같은 지역이 그 문제를 떠안게 되죠."

10년째 옷 무덤을 지켜본 엘리자베스 리켓은 원인과 결과를 에둘러 말하지 않았다. 오다우 강변에 사는 사람들은 가나에서도 가장 가난한 이들이었다. 계속되는 가뭄으로 농사를 포기하고 북부의 고향을 떠나 도시로 온 사람들이었다. 옷더미를 밟지 않고는 강도, 바다에도 닿을 수 없는 곳에 사는 이들은 새 옷을 사본 적 없는 사람들이었다. 기후 변화의 막다른 골목에 그들이 있었다.

물론 칸타만토에는 헌 옷을 팔아 생계를 이어가는 사람들이 수만 명 있다. 상태가 좋지 못한 옷을 고쳐서 팔아보겠다고 종일 재봉틀을 돌리는 수선공들도 있고, 버려진 옷으로 업사이클링 제품을 만들어보려는 환경 단체도 있다. 그리고 옷더미를 머리에 이고 걷다 넘어져 목이 부러져 죽은 몇몇 소녀들이 있다. 운이 좋아 척추만 변형된 아주 많은 소녀들은 오늘도 세계의 옷 쓰레기를 위태롭게 짊어지고 걷는다.

취재를 위해 찾아간 경기도의 한 중고 의류 수출업체에는 하루에 약 40톤의 헌 옷이 들어오고 있었다. 주말에도 예외는 없었다. 업체 대표는 이런 수출업체가 우리나라에 100개쯤 된다고 했다. 수출하지 않으면 국내에서 헌 옷들을 유통하거나 처리할 방법이 있냐는 질문에 그는 단호히 말했다.

"없습니다."

코로나19가 세계의 빗장을 걸어 잠근 2020년 여름, 헌 옷들은 무서운 속도로 창고에 쌓이기 시작했다. 동남아시아, 아프리카의 수입업자들이 헌 옷을 사 가지 않는 사정 따위 알 리 없는 우리는 헌 옷을 계속 수거함에 밀어 넣었다. 옷을 더 이상 쌓아 둘 공간이 없던 상당수의 수출업체들은 그해 여름 내내, 또는 영영 문을 닫아야 했다.

"저 나라에는 법도 위생 관념도 없나 보다."
"저런 나라들 때문에 환경 보호해 봤자 소용없다."
"저 나라 정치인이 문제지. 필요해서 수입해 놓고 왜 딴소리냐."
〈옷을 위한 지구는 없다〉의 영상에 달린 몇몇 댓글이다. 그러나 가나가 마침내 깨끗해지기로 결심한다면 당황할 것은 누구일까? 이런 거래 없이 살 수 없는 것은 누구일까? 2016년 케냐, 르완다, 우간다 등으로 구성된 동아프리카공동체EAC 회원국들이 중고 의류 수입을 점차 중단하겠다고 발표한 적이 있다.[7] 환경도 환경이지만, 자국의 섬유 산업을 위한 결정이었다. 그러자 미국은 곧바로 관세 보복을 예고했고, 아프리카 국가들의 야심찬 계획은 흐지부지되고 말았다. 선진국의 쓰레기장이 되는 것을 그만두겠다는 선언에 돌아온 것은 세계 자유 무역의 질서를 흐리지 말라는 꾸지람이었다. 지금도 선진국의 헌 옷은 계속해서 아프리카로 밀려들고 있다. 가난하고 지저분한 나라들을 환경 오염의 주범이라며 비난하던 국가들은 이들이 폐기물을 그만 받고 환경을 돌보겠다고 하면 하던 일을 계속하라며 으름장을 놓는다.

오늘도 의류 브랜드의 광고에서는 의식 있는 소비로 지구를 살리자는 메시지와 함께 금발 미녀들이 푸른 들판을 뛰어다닌다. 그러나 우리가 버린 헌 옷을 치워주는 것은 리넨 원피스를 입고 꽃씨를 뿌리는 그녀들이 아니다. 헌 옷을 가져오면 할인 쿠폰을 주는 브랜드는 헌 옷을 모아 필요한 곳에 기부하거나 판매한다고 안내한다. 그러면 기분 좋게 헌 옷을 처리한 소비자는 할인 쿠폰으로 새 옷을 사면 된다. 뒷감당을 하는 사람은 따로 있으니까 사는 사람도 파는 사람도 행복하다. 우리가 보고 싶고 듣고 싶어하는 '지속 가능성'이란 그런 것이다. 유기농 소재의 제품을 사면, 재활용 소재의 제품을 사면 지구를 살릴 수 있다는 위로. (가나 같은 곳에서 하던 일을 조용히 해주면) 파란 하늘과 푸른 들판에서 영원히 행복하게 살 수 있다는 희망.

가난한 나라들은 새 옷을 만들어서 탄소를 배출하지 말고, 선진국에서 버린 헌 옷을 계속 입어줬으면 하는, 그렇게라도 내가 버린 옷이 쓰레기가 아니라는 위안을 받고 싶은 것은 들키고 싶지 않던 우리의 속마음이었을까? 스물한 살 캄보디아 여행 중 '새마을 부녀회' 조끼를 보고 왠지 뿌듯했던 마음에서 나는 멀리 오지 못했다.

옷의 강

"내가 깨끗하게 포장된 옷을 살 때
어떤 강은 죽어가고 있었다."

방글라데시의 수도 다카Dhaka에는 8,000여 개의 의류 공장이 쉴 새 없이 돌아가고 있었다. 의류 산업에 종사하는 방글라데시인만 400만 명. 검은 연기가 구름처럼 내려앉은 공장에서 세계인의 옷을 만드는 사람들은 한 달에 평균 100달러를 벌었다.

다카의 의류 공장 밀집 지역인 케라니간지에는 가나의 '옷의 무덤'을 연상케 하는 '옷의 강'이 있었다. 자투리 천으로 꽉 막힌 운하, 강둑을 따라 켜켜이 쌓인 알록달록한 옷감들, 잉크를 풀어 놓은 듯 남색으로 물든 부리강가강은 죽음만큼이나 요란한 옷의 탄생을 보여줬다. 부리강가강의 물을 마시며 자랐다는 뱃사

공은 그때나 지금이나 먹고살기는 팍팍하지만 강은 참 깨끗했다며 어린 시절을 회상했다. 자투리 천 때문에 바닥이 보이지 않는 운하를 지나던 한 주민은 의류 공장이 늘어난 것이 하나도 행복하지 않다고 말했다. 세계 시장에 문을 열고 지구의 공장이 된 것은 더 나은 삶을 보장하지 못했다.

다카에서 여과 장치 없이 폐수를 강으로 쏟아내는 공장을 찾기란 어렵지 않았다. 검은색에 가까운 폐수는 이미 탁한 물에 색을 덧칠하며 강 전체로 퍼지고 있었다. 촬영팀과 동행한 방글라데시인 기자 리처드는 강둑에 서서 넘실대는 검은 물결을 바라보며 인상을 찌푸렸다. 리처드는 100여 개의 염색 공장이 있는 방향을 가리키며 말했다.

"공장들은 하수 처리를 위한 시설에 많은 돈을 쓸 필요가 없어요. 쉽고 저렴하지만 가장 더러운 방식이 있으니까요."

가게에서 새 제품을 꺼내 달라고 부탁해 빳빳한 비닐로 포장된 옷을 받을 때면 세상의 어떤 때도 묻지 않은, 세상에 어떤 흔적도 남기지 않은 무균, 무해한 물건을 손에 쥐는 것만 같았다. 그러나 틀렸다. 그런 옷은 없다. 내가 깨끗하게 포장된 옷을 살 때 어떤 강은 죽어가고 있었다. 우리가 티셔츠를 커피 한 잔 값에 사는 동안, 무거운 대가를 치르는 자연과 사람이 있었다. 공장이 오염 정화 장치를 설치할 수 없을 만큼 낮은 가격에 주문을 넣고, 어린 소녀들이 주말도 없이 일하도록 빠른 납품을 요구하는 것은 누구일까? 최저가에 그들의 노동을 쓰고, 최저가에 그 나라의 자연을 오염시켜서 이득을 얻는 것은 누구일까? 그 참혹한 결과에는 우리의 지분이 있다.

중국, 베트남, 캄보디아, 방글라데시에 이어 최근에는 에티오피아가 새로운 의류 제조 기지로 주목받고 있다. 가뭄과 내전으로 매년 수백 명이 굶어 죽고 유엔 추산 2,000만 명이 식량 지원을 기다리고 있는 바로 그 에티오피아다.[8] 아시아의 임금이 상승하고 의류 공장의 열악한 노동 환경에 대한 비난이 높아지자, 아프리카가 대안으로 떠오른 것이다. 에티오피아 의류 생산 노동자의 월급은 약 26달러로 방글라데시의 4분의 1 수준이다.[9] 미국과 유럽의 패스트패션 브랜드는 방글라데시에서 그랬듯 일자리와 경제 성장을 약속하며 에티오피아로 생산 기지를 옮기고 있다. 덩달아 미국, 유럽 탐사 보도의 취재 지역도 점차 에티오피아로 바뀌는 중이다. 고된 노동과 환경 오염이라는 알맹이는 그대로인 채 좀 더 절박한 나라로 껍데기만 바뀐 기사들은 20년 전이나 지금이나 놀랍도록 시의성이 살아 있다. 문제가 그대로 살아 있기 때문이다.

〈옷을 위한 지구는 없다〉를 제작하며 늘 되새겼던 건 가나의 '옷의 무덤', 방글라데시의 '옷의 강'이 가난한 나라가 지저분하게 사는 이야기로 끝나서는 안 된다는 점이었다. 두 나라의 모습은 별로 오래 지나지 않은 우리의 모습이기도 했다. 1970년대 한국은 경제 발전을 위해 오염 산업을 받아들이고 안양천이 시커메지도록 공장을 돌려야 했다. 소년들이 언제 무너질지 모르는 갱도에 들어가야 하는 곳은 오늘날 콩고민주공화국이지만, 1960년대에는 우리나라였다.

그 시절 한국에서 태어났다면 먹고살기 바쁜 이들 틈에서 환경을 보호하자는 목소리를 낼 수 있었을까? 1990년대, 나는 동네 봉제 공장 앞에서 공기놀이를 하며 엄마가 퇴근하기를 기다리곤 했다. 1960년대였다면 내가 있던 곳은 공장 밖이 아니었을 것이다.

159만 원짜리 쓰레기

**"이 층에 있는 것들은
다음 달이면 소각돼요."**

지속 가능성에 관한 취재라고 하면 반기지 않는 기업이 없었다. 외부인 출입이 엄격히 금지된 공장도, 휴가철을 맞아 분주한 고급 호텔도 흔쾌히 문을 열어주었다. 경쟁사 말고 우리만 찍어달라는 요청은 교양 PD로서 한 번도 경험해 보지 못한 환대였다.

그런데 화기애애한 현장이, 정다운 전화가 뚝 멈춰 설 때가 있었다. '버리는 것'도 보여주실 수 있냐는 조심스러운 부탁에 정적이 흐르는 순간, 깨달았다. 같은 곳을 바라보던 우리는 다른 생각을 하고 있었구나.

"폐의류 업사이클링이 필요하다는 생각이 들게 하려면, 옷이 많이 버려지는 걸 먼저 보여줘야 하지 않을까요?"

"엄청나게 많이 버리는 걸 보여달라는 게 아니라, 상자 하나 정도 건물 밖에 내어놓는 것도 안 될까요?"

될 리가 없었다. 내가 홍보 담당자라도 안 보여주겠다. 영상 매체의 특성상 새 옷이 불타는 장면 하나가 온라인에 풀리는 순간 모든 맥락은 사라지고 비난만 쏟아질 것이 뻔했다.

포기를 모르는 우리 프로그램 작가님이 수십 통의 전화를 돌린 끝에 경기도 안산의 한 소각장이 촬영을 허락했다. 출연이나 인터뷰 없이 2시간 내로 촬영을 마무리하는 조건이었다. 촬영 감독님과 나는 트럭들이 줄지어 들어와 쓰레기를 쏟아붓는 구덩이를 뚫어져라 바라보았다. 소각 대상인 사업장 폐기물은 대부분 아주 커다란 검은 비닐에 들어 있었고, 그날 반입된 폐기물 중에 의류업체가 버린 새 옷들이 있을지는 알 수 없었다. 비닐이 찢어질 때마다 카메라 줌을 당겨보았지만 행운은 따르지 않았다.

"소각장으로 새 옷들이 진짜 들어오긴 하나요?"

"아이고, 들어오죠. 백화점 매장 가면 있는 긴 행거 있죠? 거기에 새 옷이 가득 걸린 채로 들어온다니까."

알 만한 브랜드의 새 옷이 백화점에 진열되는 기간은 3개월 남짓이다. 그 후 2년간 상설 매장, 아울렛에서 70% 할인과 균일가 판매에도 주인을 찾지 못하면 폐기 대상이 된다. 촬영을 위해 찾은 한 창고형 아울렛에는 내가 몇 년 전 고민하다 내려놓은 30만 원짜리 여름 샌들이 6만 9,000원에 팔리고 있었다. 신발을 들었다 놓았다 하는 나를 보며 직원이 말했다.

"마음에 들면 지금 사세요. 이 층에 있는 것들은 다음 달이면 소각돼요."

"전부 다요?"

"네. 이 물건들을 빼야 또 새로운 재고가 들어오죠."

죽기 직전의 옷들은 백화점 매장에서 보던 옷들과 별 다를 바 없었다. 하얀 블라우스는 손때가 묻을세라 비닐이 씌워져 있었고, 재킷은 적절한 간격을 두고 보기 좋게 진열되어 있었다. 털이 풍성한 모자가 달린 패딩 점퍼는 가격표를 보니 159만 원이었다. 다음 달이면 불구덩이로 들어갈 옷인데 거위털은 숨도 죽지 않고 얼마나 빵빵하게 채워져 있는지. 이게 다 무얼 위한 건가 싶어서 속상함과 무력감이 밀려왔다.

세상에 나온 지 3년 된 옷은 죽어 마땅하다. 비용과 수익을 따져보면 그렇다. 제값에 팔지도 못할 옷을 보관할 장소와 관리할 노동력은 공짜가 아니기 때문이다. 똥값이 된 옷보다 진열대의 자릿값이 더 비싸지면 옷을 치우는 수밖에. 헐값에 내놓거나 기부하면 브랜드 가치가 떨어진다고들 하니 옷이 불태워지는 게 여러모로 깔끔한 결말이다. 단, 누구도 그 죽음을 알아서는 안 된다.

2018년 6월, 버버리는 연례 보고서에서 약 2,860만 파운드(약 510억 원) 상당의 제품을 소각했다고 밝혔다.[10] 200만 원쯤 하는 버버리의 트렌치코트를 산 사람도, 안 산 사람도 인상을 찡그릴 만큼 충격적인 뉴스였다. 기사가 나오자마자 엄청난 비난이 쏟아졌고 순식간에 버버리는 '재고 소각'의 대명사가 되었다.

그러나 그 뉴스에 놀란 기업이 있었을까? 오히려 많은 기업들은 '저걸 쓸데없이 왜 밝혔대?'라며 의아했을 것이다. 팔리지 않은 옷을 소각하는 것은 버버리만이 아니다. 한국 기업들만 해도 연간 수십억에서 100억 원에 달하는 제품을 소각한다. 국내 매출 상위 7개 패션 기업에 질의서를 보낸 결과, 재고를 소각하지 않는다는 기업은 하나뿐이었다.[11] 응답을 거부한 한 곳을 제외한 모든 기업이 의류의 생산, 폐기 과정에서 발생하는 환경 문제를 인식하고 있다고 답했지만, 문제 해결을 위해 생산량을 조절하겠다는 기업 또한 단 한 곳이었다. 심지어 판매를 촉진해 완판을 이뤄 문제를 해결하겠다는 참신한 답변도 있었다. 나머지 기업들은 업사이클링, 친환경 방식의 재고 폐기, 재활용 활성화를 대안으로 제시했다. 하지만 옷은 색과 소재의 조합이 무한한 데다 단추, 지퍼와 같은 부자재 때문에 분해하는 것부터가 난항이다. 투명한 페트병과 달리 여러 색상과 질감의 플라스틱이 섞인 화장품 용기가 거의 재활용되지 않는 것을 고려하면, 헌 옷 수거함 속 옷들의 재활용이 어려운 이유는 긴 설명이 필요 없다. 이를 감안하면 기업들이 가까운 미래에 소각이라는 간편한 해결책을 포기할 가능성은 희박해 보인다.

 멀쩡한 옷을 태우는 것은 단지 소각장의 탄소 배출로 끝나지 않는다. 하나의 옷이 불 속으로 들어가는 순간, 그 옷을 생산하고 유통하기 위해 사용된 물, 토양, 석유 등의 자원과 에너지가 모두 재가 되고 만다. 입지도 않을 옷을 만드는 과정에서 배출된 탄소가 기후 변화의 재료가 되는 것은 말할 것도 없다. 대기 오염 없이 소각열을 전부 에너지로 회수한들 재고 소각이 친환경이 될 수 없는 이유다. 만 원짜리 티셔츠를 태우는 것은 만 원짜리 지폐를 태우는 것과 같을 수 없다.

 지금처럼 잔뜩 만들고 쉽게 버리는 일이 지속 가능하지 않다는 말은 감정적 호소가 아니다. 누구보다 계산 빠른 사람들이 내린 과학적 결론이다. 유엔기후변화협약UNFCCC 사무국에 따르면 패션 산업은 전체 탄소 배출량의 약 10%를 차지하고, 항공과 해운 산업을 합한 것보다 더 많은 에너지를 소비한다.[12] 전 세계 사람들이 합심해 비행기를 타지 않고 일회용 플라스틱을 쓰지 않더라도 지금처럼 옷을 소비해서는 기후 위기를 막을 수 없다.

버버리를 비난한 것은 환경 운동가들만이 아니었다. 주주 회의에 참석한 투자자들 역시 버버리의 방식에 불만을 터뜨렸다. 재고를 소각해서 브랜드 가치를 지키는 관행이 언제까지 유효할까? 많이 생산할수록 단가가 저렴해지고, 모자라서 못 파는 것보다 남겨서 태우는 것이 이득임을 몰라서 하는 소리가 아니다. 하지만 언제까지 그런 방식이 수익에 도움이 될까? 해수면이 상승해 도시들이 물에 잠기고, 이상 기후로 일상의 안온함이 사라져 갈 때, 환경을 고려하지 않는 기업이라는 낙인만큼 브랜드 가치를 훼손하는 게 있을까? 점점 뜨거워지는 지구에서 살아가야 할 우리가 그런 기업을 계속 사랑해야 할 이유는 무엇일까?

한바탕 비난이 쏟아진 후, 버버리는 재고를 소각하는 대신 디자인 학교와 자선 단체에 기부하겠다고 발표했다. 대다수의 기업이 비밀리에 제품을 불태우는 상황에서 소각량을 투명하게 밝힌 것은 결코 비난받을 일이 아니다. 상처를 보지 않고는 치료를 할 수 없다. 얼마를 태웠고, 왜 그렇게 해야만 했는지를 밝혀야 기후 위기에 함께 대처하는 사회의 구성원으로서 기업도 목표와 대책을 마련할 수 있다.

오래 굳어진 관행에는 그럴 만한 이유가 있겠지만, 그렇다고 해서 그것이 옳은 일이 되지는 않는다. 200만 원짜리 재킷이 헐값에 팔릴 것을 상상하며 괴로운 사람들만큼이나, 멀쩡한 재킷이 불타는 것을 보며 괴로운 사람들이 있다. 양쪽의 감정은 모두 이해할 법하고 존중받아야 하지만, 기후 '위기' 상황에서 이 두 가지 불편함이 똑같은 무게로 고려되기는 어렵다.

우리는 1980년대보다 옷을 5배 더 많이 산다.[13] 분명 각자 옷을 더 오래 입고 덜 소비한다면, 조금이나마 환경에 이바지하고 지속 가능성에 대한 의지를 표현할 수 있다. 하지만 그것이 전부가 되어서는 안 된다. 1980년대 재활용 캠페인이 그랬듯, 패션 산업의 환경 문제가 무지한 소비자를 계도하는 방식으로 책임을 흐리지 않기를 바란다. 좋은 소재의 옷을 사지 않아서, 헌 옷 수거함에 깨끗한 옷을 넣지 않아서, 생각 없이 쇼핑을 많이 해서 지구가 이렇게 망가진 것이 아니다. 무제한으로 만들고 버리는 데 규제가 없는 산업 방식을 그대로 두어서는 아무것도 변하지 않는다. 이대로라면 내년이라고 올해보다 더 적은 옷이 만들어질 리 없다. 기후 변화를 힘 모아 막아내자는 세계 정상들의 말이 진심이라면, 옷의 무제한 생산과 폐기를 그냥 두는 것은 기만이다.

최근 프랑스를 비롯한 몇몇 국가에서 의류 재고 폐기가 금지되자, 매장에서 멀쩡한 제품을 가위로 잘라서 버리는 영상이 SNS에서 화제가 되었다. 버리기는 해야 하고 법을 어길 수도 없으니 직원들에게 새로운 업무가 추가된 것이다. 계속 버리기 위해 그렇게 열심히 노력하는 사람들이 있다. 그러니 나도 힘을 내 주머니의 달걀로 바위 치기를 계속 해볼 생각이다.

플라스틱
전투복

"그렇게 우리는 플라스틱을 입게 되었다."

플라스틱이 없었다면 출장은 빨래를 말리다 끝났을 것이다.

흡습성, 속건성에 자외선 차단 기능까지 갖춘 티셔츠는 놀랍도록 가벼운 데다 배낭에 아무렇게나 처박아도 구겨지지 않았다. 출연자의 집 창고에 얹혀 지냈던 인도네시아 출장 때는 특히 유용했는데, 세수하는 김에 티셔츠를 빨아 널면 금세 다시 입을 수 있었다. 말라리아, 황열병 위험 지역인 콩고민주공화국에서는 얇은 흡습성 긴팔 티셔츠가 모기와 더위로부터 근로 의욕을 지켜주었다. 환경 프로그램을 만들며 일상복 구매를 거의 그만뒀지만, 출장을 위해 산 '전투복'들은 말 그대로 플라스틱 덩어리였다.

"No matter how strenuous the action…."
동작이 아무리 격렬하더라도….

"Anything you can do out of suit, you can now do in a suit."
정장을 벗어야 할 수 있던 모든 일을 이제 정장을 입고도 할 수 있습니다.

    1950년대 듀폰DuPont은 다크론Dacron 섬유를 선보였다. 가볍고 질긴 데다 주름이 지지 않는 다크론은 대중에게 판매된 최초의 폴리에스터 제품이었다. 폴리에스터는 출시 즉시 기적의 섬유로 각광받았다. 다림질에서 해방되었다며 활짝 웃는 여성의 얼굴은 광고에 단골 이미지로 쓰였다. 놀라움은 사용 경험에서 그치지 않았다. 동식물로부터 얻은 면, 리넨, 실크, 모에 비하면 폴리에스터는 하늘에서 뚝 떨어진 첨단 기술의 산물과도 같았다. 마침 미국에서는 카리브해 섬으로의 여행이 새로운 여가 생활로 인기를 끌었는데, 구김 없고 가벼운 폴리에스터 의류는 비행기 여행에도 안성맞춤이었다.

    그렇게 우리는 플라스틱을 입게 되었다. 폴리에스터 섬유의 원료는 폴리에틸렌 테레프탈레이트Polyethylene terephthalate, 모두 익히 아는 '페트PET'다. 석유 화학 공장에서 원유를 정제할 때 나오는 에틸렌Ethylene과 파라자일렌Paraxylene으로 만든 페트는 틀에 맞춰 사출하면 페트병이 되고, 실을 뽑아내 옷을 만들면 폴리에스터 티셔츠가 된다. 요즘 친환경 패션이라며 너도나도 페트병으로 옷을 만드는 광경이 놀랍지 않은 이유다.

즉, 자연을 털끝 하나 건드리지 않고 만들어진 듯한 폴리에스터는 사실 아주 오래된 자연으로부터 온 셈이다. 석유가 생성되려면 산소가 차단된 상태에서 유기물의 사체가 오랫동안 퇴적되어야 한다. 게다가 석유는 기온 상승을 막기 위해 우리가 가장 먼저 멀리 해야 할 '화석 연료'다. 폴리에스터뿐만이 아니다. 나일론, 폴리우레탄, 아크릴 등을 모두 합하면 오늘날 우리가 입는 옷의 3분의 2는 석유 기반의 합성 섬유인 것으로 추정된다.

잘 나가던 폴리에스터의 기세는 1960년대 후반 환경에 대한 관심이 높아지고 합성 섬유가 저급한 '가짜'로 여겨지며 잠시 주춤했다. 그러나 기술 발달로 합성 섬유의 질감이 면 또는 실크와 구별하기 어려울 만큼 개선되면서 1990년대, 폴리에스터는 화려하게 부활했다. 2000년대 초반, 폴리에스터의 생산량은 마침내 면을 넘어섰고, 2022년에는 6,300만 톤으로 전체 섬유 생산량의 54%를 차지하며 압도적인 1위를 차지했다.[14] 패스트패션을 넘어 울트라패스트패션 시대를 이끌어가는 세계의 옷감이 된 것이다.

플라스틱이라는 훌륭한 발명품에 늘 감사하고 있다. 덕분에 우리는 세상에 없던 편리함을 누릴 수 있었다. 그러나 플라스틱을 입는 편리함은 홀로 오지 않았다. 자연에서 유래하지 않은 합성 섬유는 자연으로 유입되며 문제를 일으킨다. 그 자체로 플라스틱인 합성 섬유는 마모되면서 미세 플라스틱이 되는데, 아무리 작아진다 한들 세상에서 사라지지 않는다. 페트병을 재활용해서 만들었다는 티셔츠도 마찬가지다.

북극에서 남극까지 지구상에 미세 플라스틱이 닿지 않은 곳은 없다. 인간의 혈액, 모유, 폐, 배설물에서도 미세 플라스틱이 검출되었다.[15] 현재 바다에는 170조 개가 넘는 미세 플라스틱이 있는데,[16] 그중 섬유 형태는 35%에 달한다.[17] 게다가 매년 생산되는 약 1,000억 개의 옷 중 약 700억 개가 플라스틱으로 만들어진다.[18] 초등학교 운동회 때 단체로 맞춘 캐릭터 티셔츠는 불타 없어지지 않은 이상 분명히 지금도 지구 어딘가에 존재한다. 플라스틱이 분해되려면 수백 년은 걸린다는데 정확히 얼마나 걸릴지 확인할 수 있는 사람은 지금 이 책을 쓰고 읽는 우리 중에 아무도 없다.

하늘도 바람도 맑은 5월, 나는 서울시립대학교 환경공학부 김현욱 교수 연구팀을 따라 수도권 2,000만의 식수원인 한강으로 향했다. 한강 상류인 춘천시 공지천, 중류인 팔당댐, 하류인 서울 반포대교 인근에서 각각의 표층수를 채취하기 위해서였다. 분석 결과, 세 지점에서 모두 미세 플라스틱이 검출되었고, 인구가 많은 하류로 갈수록 미세 플라스틱의 농도는 높아졌다. 상류에서는 물 20L당 26개의 미세 플라스틱이 검출된 반면, 하류인 반포대교 인근에서는 2배가 넘는 57개가 검출되었다.

"검출된 미세 플라스틱의 종류를 보면 검출량의 절반 정도가 섬유에서 기인했다고 볼 수 있습니다. 대부분 세탁을 통해서 하수로 유입되는 거죠."

김현욱 교수는 폐수 처리 시설을 거치며 미세 플라스틱의 99% 이상은 걸러진다고 말했다. 그렇다고 해도 애초에 절대적인 발생량이 많기 때문에 강으로 흘러 들어가는 미세 플라스틱은 무시할 수 없는 양이 되고 만다.

"빨래 1kg당 미세 플라스틱이 50만 개 발생한다고 가정할 때, 전국 2,000만 가구의 빨래 양을 생각하면 0.1%만 유출된다 해도 엄청난 양입니다."

1kg당 50만 개라니. 면과 구분이 어려울 만큼 잘 만들어진 합성 섬유 옷을 보며 믿을 수가 없었다. 나는 집에서 입던 옷들을 챙겨 연구팀과 함께 한국섬유기술연구소KOTITI로 향했다. 그리고 미세 플라스틱의 존재를 직접 확인하기 위해 폴리에스터, 폴리우레탄 등 여러 합성 섬유 소재의 헌 옷, 면 55%와 폴리에스터 45%가 섞인 새 후드티, 아크릴 100% 소재의 새 니트를 40℃의 미온수로 세탁해 봤다. 실험 결과, 세탁물 1kg당 아크릴 소재

의 새 니트는 16만 8,750개, 면과 폴리에스테르가 섞인 새 후드티는 50만 2,500개, 합성 섬유 헌 옷은 67만 5,000개의 미세 플라스틱 조각을 발생시켰다. 해도 해도 너무했다. 우리는 빨래를 했을 뿐인데!

매년 약 50만 톤의 미세 플라스틱이 세탁의 결과로 바다에 흘러든다.[19] 게다가 세탁 폐수의 섬유 조각이 하수 처리장에서 99% 걸러진다 해도, 걸러진 미세 플라스틱이 든 하수 찌꺼기(오니)는 유럽 선진국을 비롯해 많은 나라에서 비료로 사용되고 있다. 우리나라에서도 농촌 지역에 하수 찌꺼기를 무단으로 매립하거나 비료로 유통하다 생긴 소란이 잊을 만하면 보도된다. 비료가 된 미세 플라스틱은 강과 바다로 가는 대신 흙으로 스며들어 식물에 흡수되고, 먹이 사슬을 통해 결국은 우리 몸속으로 들어온다. 햇빛, 비, 바람이 미세 플라스틱을 점점 더 작은 조각으로 부술수록 수거는 불가능해진다. 눈에 보이는 플라스틱은 손으로 주울 수 있지만 미세 플라스틱은 그럴 수 없다. 화석 연료로 만드는 플라스틱, 합성 섬유의 감산에는 반대하면서 플로깅으로 바다를 살리자는 기업의 친환경 캠페인에 쓴웃음이 나는 이유다. 가나의 소만 옷을 먹는 게 아니었다. 옷을 씹으면 뺏을 수나 있지, 흙에 스며든 미세 플라스틱 섬유를 삼키는 건 누가 말리지도 못한다.

숨을 쉬는 공기 중에도 옷 조각은 떠다닌다. KBS 로비와 사무실, 옥상에서 공기 중의 미세 플라스틱을 측정해 본 결과, 종일 많은 사람이 드나드는 로비에서는 다른 장소에 비해 현저히 많은 양의 미세 플라스틱이 검출되었다. 누구의 잘못도 아니었다. 그건 합성 섬유를 입은 우리가 하루를 분주히 살아낸 흔적일 뿐이었다.

미세 먼지가 심하면 우리는 창문을 닫는다. 우리 집은 3km 떨어진 고층 빌딩이 부엌 창에서 얼마나 또렷하게 보이는지를 공기 질의 판단 기준으로 삼는다. 그러나 육안으로는 맑아 보여도 초미세 먼지 지수가 아주 나쁜 날들이 있다. 미세 플라스틱이 위험하다고 말하는 사람에게 "눈에도 안 보이는 그것 좀 먹는다고 안 죽는다"라고 한다면, 미세 먼지의 위험도 마찬가지다. 측정 기술과 규제가 없던 시절에 미세 먼지의 위험이란 존재하지 않았다. 가끔 황사가 오고, 공기가 텁텁하고, 목이 칼칼한 어쩔 수 없는 날들이 있었을 뿐. 하지만 충분한 연구와 규제가 있는 지금, 우리는 미세 먼지를 유해 물질로 인지한다. 미세 먼지가 심한 날이면 외출을 자제하라는 경보가 울리는 것도 그 때문이다. 반면 미세 플라스틱은 여전히 '보이지 않는' 위험이다. 미세 먼지를 피하는 행위는 상식이자 권리로 인정받지만, 미세 플라스틱을 운운하면 할 일 없는 사람 취급을 받는 이유다.

그래서 벌거벗고 세탁도 하지 말자는 얘기냐고? 나부터도 그럴 생각이 없다. 현장에서 땀을 한 바가지씩 흘리는 나에게 합성 섬유는 없어서는 안 될 장비다. 게다가 내가 합성 섬유 옷을 입지 않는다고 해봤자 모두가 함께하지 않는 한 나는 미세 플라스틱을 피할 수 없다. 각자의 일을 하기도 바쁜 우리가 언제 올지도 모를 '지속 가능한 세상'을 위해 합성 섬유를 포기하기는 어렵다. 그러니 기술과 규제의 힘을 빌려 '안 쓰는 것이 더 쉬운' 상태를 만드는 편이 차라리 낫다. 세탁기의 미세 먼지 필터를 의무화하고, 더 나아가 의류 생산량을 줄이려면, 문제가 존재한다는 것을 직시하는 데서 시작해야 한다. 해결할 엄두가 나지 않는다고 모른 척해서는 경제도 인간도 살릴 수 없다.

몇몇 기업은 미세 섬유 방출을 줄이는 직조 기술을 개발하고 있다. 세탁 횟수를 줄이고 섬유의 마찰을 줄이기 위해 세탁기를 가득 채워서 미온수에 세탁하라는 조언들도 들려온다. 프랑스는 미세 플라스틱의 상당량을 걸러낼 수 있는 필터를 세탁기에 탑재하는 것을 의무화했다. 한편 유럽화학물질청ECHA은 새 합성 섬유 의류를 처음 10회 정도 세탁할 때 매우 많은 미세 플라스틱이 방출된다는 사실을 발견했는데, 이에 따라 유럽의회에서는 옷을 판매하기 전 제조업체가 사전 세탁으로 미세 플라스틱의 상당수를 제거해야 한다는 주장이 힘을 얻고 있다.[20]

합성 섬유를 대체할 소재의 사용을 촉진하고, 궁극적으로는 합성 섬유 의류를 만드는 과정에서 '최소'의 품질 기준을 확립해 나가자는 것이 국제 사회의 움직임이다. 어떤 자동차를 만들든지 배기가스 배출 기준을 지켜야 하는 것과 마찬가지다. 그렇게 되면 옷감은 매번 품질 검사를 통과해야 하고, 지금처럼 저렴하고 빠르게 옷이 만들어질 수 없다. 결국 모든 비용은 고스란히 옷값에 반영돼 우리는 옷을 한 번 살 때마다 주저하게 될 것이다. 세상이 무너지는 게 아니다. 지금처럼 살다가 지구 기온이 3℃ 오르는 것보다 훨씬 좋은 시나리오다.

또 하나, 합성 섬유의 문제점을 제기하면 꼭 따르는 반론이 있다. 목화 재배에 사용되는 살충제가 얼마나 유해한지 알고 있냐, 면으로 모든 옷을 만들면 그 면화는 어디서 재배하냐며, 막대한 토양과 물이 필요한 천연 섬유에 비해 합성 섬유의 지속 가능성이 뛰어나다는 주장이다. 실제로 면 생산에 드는 물은 매년 2,500억 톤에 이른다.[21] 세계에서 세 번째로 큰 호수였던 우즈베키스탄의 아랄해가 목화 재배로 말라붙어 버린 것을 보면 합성 섬유를 천연 섬유로 대체하는 것이 대책이 될 수 없음을 알 수 있다. 반대로 합성 섬유 옷이 일으키는 환경 오염이 심각하니 천연 섬유 옷을 사면 된다는 사람도 의심해야 한다. 너무 많이 만들고 사서 생긴 문제를 다른 것을 만들고 사는 방법으로 해결할 수는 없다. 우리는 다시 간단하지만 모두가 싫어하는 결론에 이르게 된다. 우리에게 필요한 것은 다른 옷이 아니라, 적은 옷이다.

예전처럼 옷이 비쌌다면 계절에 한 벌을 사기도 어려웠을 것이다. 하지만 그랬다면 매년 바뀌는 유행에 맞춰 새 옷을 사야 하는 압박감도 덜 느끼지 않았을까? 철마다 새 옷을 사는 것은 나의 기쁨이었을까, 의무였을까? 옷을 거저 얻은 우리는 환경과 몸으로 그 비용을 오래 치르고 있다. "이만하면 됐다"라고 누군가는 말해야 할 때가 왔다. 우리는 옷을 벗어 던질 수는 있지만, 죽일 수는 없으니까.

지구를 살리는
착한 소비

"100톤 플라스틱병, 옷이 되다."

NO FASHION ON A DEAD PLANET.

지구가 죽으면 패션도 없다.

2019년 9월, 검은 옷을 입은 상주들이 'Our future'(우리의 미래)라 적힌 관을 지고 런던의 트라팔가 광장을 행진했다. 뒤따르는 사람만 200여 명, 그러나 행렬의 양옆에는 멋을 낸 패션 위크 참가자들이 다른 세상을 걷고 있었다. 잘 차려입어 유명해지고픈 사람들, 이미 유명한 사람들과 사진을 찍어 덩달아 유명해지고자 하는 사람들의 기분 좋은 소란 위로 장송곡이 울려 퍼졌다. 몇몇 시위자들은 'Fashion Ecocide'(패션은 생태 학살)를 외치며 패션쇼장으로 진입하려다 경호원에게 들려 나갔다. 기어코 행사장 입구에 빨간 물감을 쏟고 그 위에 몸을 포갠 젊은이와 노인들도 보였다. 이런 소란에도 브랜드의 최신 컬렉션을 갖춰 입은 패션 피플들은 앞만 보고 걸었다. 남의 잔치에 초를 단단히 치고 있는데도 부끄러운 줄 알라며 시위대를 꾸짖는 사람은 없었다. 어느 유명인도, 브랜드도 "환경이 우리랑 무슨 상관인데?"라고 큰소리칠 용기는 없었을 테다. 지구가 죽으면 패션도 없다는 구호에는 틀린 말이 하나 없고, 정말 큰일이 나긴 났다는 것을 모두가 알고 있었으니까.

런던 패션위크보다 한 달 앞서 열린 G7 정상회담, 패션 대국 프랑스의 에마뉘엘 마크롱 Emmanuel Macron 대통령은 카메라 앞에서 거침없이 말했다.

"섬유 산업은 전 세계에서 두 번째로 많은 오염원을 배출하는 분야입니다. 우리는 그 기업들을 한자리에 모았습니다. 나이키, 아디다스, 자라도 참여했습니다. 정부는 이 기업들이 그동안의 관행을 완전히 바꾸고 더욱 책임감을 갖도록 도울 것입니다. 그래서 이 기업들이 오염 물질을 줄이게 할 겁니다."[22]

G7 정상회담에서 발표된 '패션 협약Fashion Pact'에는 32개의 기업이 참여했다.[23] 샤넬, 버버리, 프라다, 구찌, 발렌시아가까지

세계 패션위크의 터줏대감이라 할 만한 럭셔리 브랜드들이 환경을 위해 패션이 바뀌어야 한다는 협약에 이름을 올렸다. 그러니 패션위크에 환경 단체가 몰려와도 쫓아내기보다는 모른 척하는 수밖에.

    서로 다른 옷 조각들을 기워 만든 재킷, 현수막을 이어 붙인 핸드백, 어망으로 덮인 스커트가 패션쇼마다 등장한 것도 이 무렵이었다. 매장에는 식물성 소재를 사용했다는 비건 가방과 코르크 마개로 장식한 신발이 깔렸다. 그러나 명실상부한 대표 아이템은 페트병으로 만든 티셔츠였다. 2021년이 되자, 집 근처 쇼핑몰의 외벽에도 '100톤 플라스틱병, 옷이 되다'라는 문구의 대형 광고 현수막이 걸렸다. 스포츠, 아웃도어 브랜드 매장에는 페트병으로 만든 티셔츠가 없는 곳이 없었다.

    "썩지도 않는 망할 플라스틱 내가 입어주겠어."

    "사람이 아닌 지구를 더 생각한 티셔츠라니!"

    기업들은 폐페트병으로 만든 티셔츠를 '지구를 살리는 옷'이라며 홍보했고, 언론은 패션업계에 친환경 바람이 불고 있다며 소비자가 '돈쭐'로 화답하기를 부추겼다. 한 브랜드의 인스타그램 계정은 '한국인이 1년간 사용하는 페트병 49억 개를 줄이기 위한 우리의 노력'이라며 페트병 6.8개로 만든 티셔츠를 선보였는데, 그걸 보니 티셔츠 한 장을 만드는 데 더 많은 페트병을 쓸

수록 환경에 이로운 것만 같은 착각이 들기도 했다. 플라스틱 쓰레기를 먹어 치우는 티셔츠라니, 더 많이 만들고 더 자주 사 입을수록 지구가 깨끗해지지 않을까? 페트병 안 쓰는 사람이 없고 티셔츠 안 입는 사람도 없으니 '내가 버린 페트병으로 티셔츠를 만들어 입으면 된다'는 모두의 마음을 편안하게 해줄 모범 답안이었다.

그러나 기업들이 말하지 않은 것이 있다. 페트병은 티셔츠가 되지 않아도 이미 재활용업계에서 몸값이 아주 높은 '상품'이다.

"우리나라 페트병은 거의 80% 이상 재활용이 된다고 보시면 됩니다. 인조 솜에 쓰이고, 또 약 30% 정도는 포장재인 시트로 만들어지게 됩니다. 그러니까 폐페트병의 수요는 정말 많죠. 폐페트병은 지금도 아침저녁으로 보내달라고 할 정도로 주문이 많아요."[24]

초여름 바쁘게 돌아가는 공장 사무실에서 한국페트병재활용협회의 권두영 부회장이 말했다. 폐페트병을 세척, 가공해 재생 플라스틱을 만드는 공장을 운영하는 그에게 폐페트병은 쓰레기가 아니라 돈을 주고 사는 원료다. 그런데 폐페트병으로 만든 옷이 친환경 아이템으로 인기를 끌면서 폐페트병의 가격이 치솟고 있었다. 공급이 수요를 따라가지 못한 것이다.

"요즘은 폐페트병 구하기 전쟁이에요. 폐페트병 압축품 가격은 1월과 지금을 비교해 보면 거의 60% 정도 올랐어요."

너도나도 페트병을 재활용해 뭔가 만들겠다고 나서니 폐페트병값만 올랐다. 페트병으로 티셔츠를 만들어 지구를 살릴 수 있다는 의류업계의 주장을 곧이곧대로 믿으면, 우리는 페트병을 더 사용해야 할 판이다.

페트병과 폴리에스터는 애초에 원료가 같기 때문에 페트병으로 티셔츠를 만드는 데 기적은 필요하지 않다. 페트병으로 만든 티셔츠가 처음 등장한 것은 무려 30년 전이다. 1993년 파타고니아Patagonia는 쓰레기로 옷을 만든다는 비난을 무릅쓰고 페트병 재활용 의류를 내놓았고, 재활용 소재의 사용은 어느덧 브랜드의 정체성으로 자리잡았다.[25] 2025년 봄 시즌 기준, 전체 제품 원단 무게의 단 4%만 재활용 폴리에스터가 아닌 버진 폴리에스터를 사용하고 있는 파타고니아의 꾸준한 노력은 박수받아 마땅하다.

그러나 패션 기업들이 너도나도 페트병 티셔츠를 찍어낸 결과, 무엇이 바뀌었을까? 2010년 남아공 월드컵, 우리는 이미 페트병을 재활용해 만든 유니폼과 응원복을 입었다. 당시에도 페트병으로 만든 티셔츠는 지구를 살리는 패션이라며 찬사받았다. 하지만 모두가 알다시피 지구는 살아나지 않았고, 우리는 계속해서 더 많은 페트병과 티셔츠를 만들고 또 버리고 있다. 플라스틱병은 옷이라도 되지, 플라스틱 옷은 아무것도 될 수 없다.

모두가 "제정신이냐?" 할 때 저만치 앞서간 파타고니아를 좋아한다. 그렇지만 지구를 살리겠다는 마음으로 파타고니아의 옷을 산 적은 없다. 이미 잘나가는 파타고니아를 감히 내가 몇만 원으로 돈쭐 낼 수 있다는 생각도 하지 않는다. 우리가 폐페트병으로 만든 옷을 사며 지구를 청소하고 있다는 착각을 하는 동안, 옷을 과도하게 생산하고 소비하는 근본적인 문제는 잊혀진다. 재활용해서 옷을 만들면 괜찮다는 희망 회로가 퍼질수록 페트병의 사용을 줄여야 한다는 목소리가 힘을 잃을까 두렵다.

페트병 티셔츠가 처음은 아니었다. 패션이 일으키는 환경 문제를 지적할 때마다 패션업계는 새로운 아이템을 내밀어 본질을 가렸다. 목화 재배로 인한 환경 오염에는 유기농 면과 친환경 염료가 구원자로 등장했다. 동물권에 관한 의식이 높아지며 모피가 '반反환경'으로 비난받자 페이크 퍼, '친환경' 뽀글이가 대안으로 제시되었다. 익히 알고 있던 인조 가죽은 어느 날 갑자기 '에코 레더'가 되었다. 석유 기반 합성 섬유인 이 아이템들은 그 자체로 플라스틱일 뿐인데.

오염을 유발한 이들이 그 오염으로부터 우리를 구하겠다고 한다. 그러니 옷을 더 사라고 한다. 기업은 계속 만들고 우리는 계속 소비하며 각자 역할만 잘하면 지구를 지킬 수 있다니, 이보다 더 솔깃할 수가 없다. 하지만 우리는 안다. 유기농 면, 에코 퍼, 페트병 티셔츠를 수십 년째 사들여도 지구는 살아나지 않았다. 손쉬운 자기 위안과 가짜 안도감을 샀을 뿐이다. 친환경 아이템을 사서 환경 보호에 기여했다는 뿌듯함을 느끼는 바로 그 순간, 우리는 문제 속으로 향하던 걸음을 멈춘다.

손가락의
방향이 잘못됐다

"연예인이나 인플루언서들을 봐도
똑같은 옷을 두 번 입지 않잖아요."

강연을 할 때마다 이마가 흠뻑 젖고 망했다는 소리가 절로 나오는 곳들이 있다. 구의동의 중학교, 관저동의 중학교, 장대동의 중학교, 앞으로 가게 될 이 세상 모든 중학교…. 의자 없는 강당에 300명을 앉혀놓고 체육 선생님이 불을 끄는 순간, 기내식 서비스가 끝난 밤 비행기처럼 아이들 절반은 등을 젖혀 버린다. 그때 나는 하나도 안 유명한 내 소개를 해야 한다. 선생님이 심어놓은 것이 분명한 첫 줄의 아이들은 그래도 가끔 웃어준다. 그러다 반달 같던 눈이 초승달이 되고 입이 벌어지면 영상을 틀어서 깨웠다가 또 재웠다가를 반복하는 수밖에. 망한 것은 나인데 매번 고개를 숙이는 것은 선생님들이다. 감사합니다. 죄송합니다. 우리 아이들이 오전이라 산만하죠. 점심 먹은 뒤라 졸린가 봐요. 시험 기간이 코앞이라, 시험 기간 직후라서….

그날은 달랐다. 교육청에서 관내 여러 중학교의 환경 동아리를 모아놓고 〈옷을 위한 지구는 없다〉를 상영했는데, 'PD와의 대화'가 시작되자마자 질문이 쏟아졌다. 상영회 중간에 들어와 살짝 졸았던 나는 정신이 번쩍 들었다. 다들 이렇게 꼼꼼히 봤다고? 전혀 예상하지 못한, 그래서 듣는 동안 답변을 열심히 생각해야 했던 질문도 있었다.

"저는 교복을 입다 보니까 옷을 별로 안 사는데요. 제 동생은 초등학생이거든요. 지구를 생각하면 초등학생들도 교복을 입는 게 좋을 것 같은데 PD님 생각은 어떠세요?"

'뭘 그렇게까지?'라는 생각이 스친 것도 잠시, 마음이 무거워졌다. 기특하고 서글펐다. 섬유 조각으로 꽉 막힌 강을 보고도, 세상은 틀려먹었다고 낙담하지 않고 문제를 해결해 보려는 모습이 기특했다. 옷을 잔뜩 만들고 버려서 이런 세상을 만든 건 어른들인데, 초등학생이 교복을 입으면 도움이 되지 않을까 고민하는 모습이 서글펐다. 어른들이 지금의 방식을 포기하지 않을 거란 걸 아이들은 이미 당연한 전제로 받아들인 것일까? 아무리 봐도 어른들이 옷을 덜 생산하지도, 덜 소비하지도 않을 것 같으니 아이들 스스로 살길을 찾으려는 게 아닐까? 도저히 바뀔 것 같지 않은 상대에게는 기대조차 하지 않게 되는 법이다.

〈옷을 위한 지구는 없다〉는 태어나보니 21세기였던 아이들에게 죄책감을 떠넘기려고 만든 프로그램이 아니었다. 한창 예쁠 20대에게 쓸데없이 옷을 많이 산다며 손가락질하기 위한 것도 아니었다. 풀메이크업을 하고 홍대로, 이태원으로 놀러 다니기를 참 좋아했던 나는 그 마음을 잘 안다. 자신이 어떤 스타일을 좋아하는지 아직 잘 몰라 이것저것 도전해 보고 싶은 나이, 약속도, 가볼 곳도 많은 그 나이에는 옷을 자주 사게 마련이다.

좋은 옷을 사서 오래 입으라는 이야기도 가당찮다. 한 달 생활비가 50만 원 남짓인 대학생들에게 세상은 바라는 것이 너무 많다. 스펙이든 경험이든 죄다 돈이 드는데 그나마 저렴한 옷으로 기분 전환을 하겠다는 젊은이들을 비난하는 건 비겁하다. 해마다 소비를 촉진한다며 코리아세일페스타를 열어 옷을 사라고 판을 깔아주는 건 똑똑한 어른들이 모였다는 정부다. 그렇다면 옷을 많이 사는 20대는 나라 경제에 이바지하는 애국자 아닌가? 코리아세일페스타 포스터에 의하면 애국자, 탄소 중립 캠페인 영상에 의하면 매국노가 되는 세상에서 돈 아껴 옷 사는 20대에게 돌을 던질 수 있는 이는 없다. 그리고 내가 만난 20대들은 '정신을 못 차려서' 옷을 많이 사는 게 아니었다.

"새로 산 옷을 입고 놀러 가서 인생샷을 찍어 인스타그램에 올려요. 그러면 그 옷을 또 입고 다른 장소에 놀러 간 사진을 올리기가 좀 그래서 옷을 또 사게 돼요. 연예인이나 인플루언서들을 봐도 똑같은 옷을 두 번 입지 않잖아요."

세상이 그렇다. 우리가 사랑하고 환호하며 돈과 관심을 쏟는 미디어 속 멋진 사람들은 같은 옷을 좀처럼 두 번 입지 않는다. 새로운 옷을 입고 늘 다른 모습을 보여주는 것이 쿨하고 아름다운 세상이다. 잘나가는 가수는 무대 의상을 재탕하지 않고, 레드 카펫의 배우들은 같은 드레스를 다시 입지 않는다.

유명하면 곧 부유해지고, 부유하면 곧 유명해지는 세상이다. 어린 아이들도 그런 사람이 되는 것이 좋은 삶이라고 배우며 자란다. 모두가 선망하는 사람들이 매번 새로운 옷을 입으면 그건 멋있고 또 옳은 일이 된다. 돈 없는 20대가 값싼 옷을 많이 사면 흉을 보지만, 브랜드의 앰배서더로서 늘 새로운 착장을 보여주는 유명 스타나 내돈내산으로 비싼 옷을 사는 부유한 이들의 삶은 닮고 싶은 대상이자 시장 경제에 도움이 되는 모범적 사례로 여겨진다. 이런 세상에서 젊은이들에게 옷 좀 그만 사고 환경을 생각하라고 할 만큼 나는 뻔뻔하지 않다. 돈도 유명세도 없는 내가 할 수 있는 것은 굳어진 믿음에 한 줄 금을 그어보는 것이었다. 늘 새로운 옷을 입는 것이 쿨하다는 것은 보편타당한 진리일까?

엘프와 조커의 본보기

**"이게 제가 구입하는
마지막 옷이 될 겁니다."**

　미국 드라마라고는 〈가십 걸Gossip Girl〉밖에 모르지만, 이런 나도 이름을 아는 할리우드 스타가 몇 있다. 패리스 힐튼Paris Hilton이 그랬다. 유명 호텔 체인의 상속녀이자 트러블메이커인 그녀, 무엇보다도 한 번 입은 옷은 절대 다시 입지 않는 슈퍼 리치. 스케치북에 드레스, 구두, 가방을 그리는 게 취미였던 어린 나는 그녀를 보며 눈이 휘둥그레졌다. 그리는 만큼 다 가질 수 있으면 얼마나 좋을까 상상하던 시절, 패리스 힐튼의 삶은 꿈 그 자체였다.

　2014년 TV 토크쇼에서 패리스 힐튼은 한 번 입은 옷은 버린다는 루머에 대해 해명했다.

"레드카펫 의상 같은 것만 그렇죠. 레드카펫에서 한 번 입은 건 사진에 남기 때문에 다시 안 입게 돼요. 대부분 기부하거나 친구, 친척들에게 줘요."[26]

이 언니, 그냥 평범한 연예인이었잖아? 패리스 힐튼은 자선 단체에 드레스를 기부하면 경매를 통해 난치병 환자들을 도울 수 있다는 설명도 덧붙였다. 기부는 선한 영향력이다. 하지만 같은 옷차림으로 여러 번 사진을 찍히는 것이 영 별로라는 인식을 퍼뜨리는 건 환경에는 악한 영향력이다. 늘 똑같은 옷을 입고 다니는 사람을 형편이 넉넉하지 못한 사람, 또는 반전의 '찐 부자'로 보는 시선의 근간에는 옷은 매번 바꿔 입는 것이 좋고, 누구나 형편이 된다면 그렇게 할 것이라는 사회적 합의가 있다.

그래서 〈옷을 위한 지구는 없다〉의 마지막 등장인물은 (자료화면일지언정) 제인 폰다Jane Fonda여야 했다. 1937년에 태어난 그녀는 여전히 배우로 활동 중이다. 아카데미 여우주연상 수상자이기도 한 제인 폰다는 2020년에는 시상자로 참석했는데, 그녀에게 작품상 트로피를 건네받은 이가 다름 아닌 영화 〈기생충〉의 봉준호 감독이었다. 그날 무대에서 제인 폰다가 입은 빨간 드레스는 바로 뉴스가 되었다.

「왜 제인 폰다의 아카데미 드레스는 칸에서 입었던 드레스였을까?」[27]

「제인 폰다, 새 옷을 더 이상 사지 않겠다는 선언 이후 6년 된 드레스를 재활용하다.」[28]

2014년 칸 영화제에서 제인 폰다는 이미 그 빨간 드레스를 입고 레드카펫을 밟았다. 전 세계 기자들이 사진을 찍으러 몰려드는 유명 영화제에서 여배우가 드레스를 재탕한 것이다.

"늘 해오던 방식대로 하면 너무 늦어요. 우리는 집이 불타고 있는 것처럼 행동해야 합니다. 왜냐하면 실제로 그렇기 때문이에요."[29]

제인 폰다는 전설적인 배우이자 열정적인 환경 운동가다. 그녀는 여든이 넘은 나이에 워싱턴 D.C.로 이사했는데, 매주 금요일 의회 앞에서 기후 집회 '파이어 드릴 프라이데이스Fire Drill Fridays'를 열기 위해서였다. 불법 시위를 벌인 혐의로 여러 번 체포된 그녀는 기사마다 늘 똑같은 빨간 코트를 입고 있었다.

"이 코트 보여요? (집회에 참석하려면) 빨간색 옷이 필요해서 밖에 나가보니 이 코트가 세일 중이더군요. 이게 제가 구입하는 마지막 옷이 될 겁니다."[30]

그녀는 인생 마지막 쇼핑 아이템이라던 집회용 빨간 코트를 아카데미 시상식의 재탕 드레스 위에 걸치고 나타나 보란듯이 약속을 지켜냈다.

제인 폰다가 시상식에서 두 번 입은 드레스는 엘리 사브Elie Saab 제품이다. 웨딩드레스 대여점을 돌아다닐 때 구경할 엄두도 못 내어본, 추가금만 수백이라는 바로 그 브랜드. 유명 연예인의 결혼식에 자주 등장하는 엘리 사브의 맞춤 드레스는 수천만 원에 달하고, 기성복 원피스도 수백만 원이다. 역시 나와 같은 일반인의 '지속 가능한 의생활'과는 어째 거리감이 느껴진다. 한편 이런 생각도 들었다. 연예계에서 한창 날리던(?) 젊은 시절의 제인 폰다였다면 옷을 그만 사겠다는 결심을 할 수 있었을까?

하지만 실컷 입고 써본 부유한 노년에 이른다고 해서 누구나 그런 선택을 할 수 있는 건 아니다. 그녀의 주변에는 수백만 원짜리 옷을 한 번씩만 입는 사람들이 가득하고, 그것이 유난스러울 것 없는 일상일 것이다. 그런 가운데 굳이 나서 이상한 사람이 되기로 한 제인 폰다는 다 이룬 어른의 품격을 몸소 보여줬다. 기후 집회와 아카데미 시상식이라는 TPOTime, Place, Occasion를 따지지 않는 언행일치를 증명했다.

그녀는 혼자가 아니다. 의회 앞에서 제인 폰다와 함께 체포된 사람 중에는 배우 호아킨 피닉스Joaquin Phoenix도 있었다. 영화 〈조커Joker〉로 숱한 시상식에 초대받은 2020년, 호아킨 피닉스는 시상식 시즌 내내 한 벌의 옷만 입겠다고 해서 화제가 되었다.[31] 골든글로브, 크리틱스초이스, 미국배우조합상, 영국 아카데미와 미국 아카데미 시상식까지 똑같은 검은 정장을 입고 나타난 그는, 1년 뒤 미국 아카데미 시상식에도 그 차림 그대로 시상자로 등장했다.

영화 〈반지의 제왕The Lord of The Rings〉 속 엘프 여왕으로 유명한 케이트 블란쳇Cate Blanchett도 꾸준히 드레스를 재탕해 오고 있다. 2014년 칸 영화제와 2023년 베를린 영화제에서는 똑같은 드레스에 벨트만 바꿨고, 2016년 아카데미 시상식에서 입었던 꽃 자수 상의는 2020년 베니스 영화제에서 재차 입었다. 2014년 골든글로브 시상식에서 입었던 검은 레이스 드레스를 2018년 칸 영화제에서 다시 입더니, 그 옷을 변형하여 2023년 미국배우조합상 시상식에 또 입고 나타나기도 했다. 케이트 블란쳇은 지속 가능성뿐만 아니라 레드카펫에 존재하는 무언의 규칙을 무시하기 위해 똑같은 옷을 다시 입는다고 말했다.[32] 한 번 사진에 찍힌 모습으로는 절대 다시 등장해서는 안 된다는 바로 그 규칙이다. 그녀와 오래 함께해 온 스타일리스트 엘리자베스 스튜어트Elizabeth Stewart는 말했다.

"It's chic to repeat." (반복하는 것이 멋집니다.)[33]

엘프와 조커가 똑같은 옷을 두 번 입는다 한들, 의류업계 전체의 생산량과 소비량에 미치는 영향은 거의 없을 것이다. 그럼에도 이들의 행동은 껍데기를 자꾸 갈아입어야 멋진 것이냐는 의문을 제기했다는 점에서 의미가 있다. 돈도 많고 협찬도 끊이지 않는 유명한 할리우드 스타들이 똑같은 옷을 자꾸 입는다면, 그게 곧 멋있는 행동이 되지 않을까? 매번 새 옷을 입고 나타나는 사람이 눈치 없는 사람이 된다면 어떨까? SNS로 유명인들의 삶을 공유하고 따라 하는 젊은이들은 어느 순간 인스타그램 사진을 위해 매번 새 옷을 사는 행위를 촌스럽다고 여기게 될지도 모른다.

프로그램 촬영이 끝나가던 무렵, 조금은 희망적인 메시지를 던지고자 한국의 제인 폰다를 찾아 헤맸다. 그러나 실패했다. 페트병으로 만든 신발, 리폼 의류를 좋아하며 지속 가능한 패션에 관심이 있다는 연예인들은 많았다. 출연료와 관계없이 적극적으로 참여 의사를 전해온 배우도 있었다. 몇 년 만의 토크쇼 출연 소식만으로도 기사가 쏟아지는 A급 스타였다. 항상 텀블러를 들고 다니며, 옷은 오래 입고, 20년 된 명품 재킷에 아직도 정이 간다는 이야기에서는 진심이 느껴졌다. 그의 출연만으로도 프로그램의 화제성은 담보될 터였지만, 고심 끝에 최종 출연 요청을 하지 않기로 했다.

쇼핑을 즐기지 않는다는 그는 명품 의류업계로부터 시즌마다 옷, 가방을 선물 받는다. 물론 그가 정당하게 이룬 성과 덕분이다.

브랜드의 마케팅 담당자는 피나는 노력과 눈부신 재능으로 스타가 된 그의 가치, 그로 인한 엄청난 홍보 효과를 알아보았을 것이다. 그러나 '하나에 5,000원 3개에 9,900원'이라는 말에 눈동자가 흔들리는 나 같은 사람에게 그건 먼 나라의 지속 가능성이다. 나의 시청자들은 나와 비슷한 사람들이다. 평생 한 벌도 사기 힘든 명품 의류를 선물 받으며 환경을 생각해 쇼핑은 자주 하지 않는다는 유명인을 '지속 가능한 의생활'의 사례자로 소개하며 프로그램을 마무리할 자신이 없었다.

모두가 버는 만큼 돈을 쓰고, 원하는 만큼 옷을 갈아입을 자유가 있다. 다만 국제기구에서 기후 연설을 하고, 또 지구를 지키자는 캠페인의 홍보 대사를 맡은 사람들은 조금 다른 멋을 보여주길 기대한다. 양심에 호소하는 것이 아니다. 이건 콘텐츠 소비자를 위한 몰입의 문제다. 오늘도 새로운 옷을 입은 채 지구가 죽어간다는 연설을 하는 당신을 지켜보는 청소년들은 그래서 옷을 잔뜩 사란 건지, 말란 건지 헷갈린다. 중학생 아이들이 초등학생 동생에게 교복을 입혀 환경 문제를 해결하겠다는 생각을 하게 만드는 우리 어른들은 영 멋이 없다.

엘프와 조커만 멋지게 나이 들어가는 건 아니다. 어느덧 엄마가 되고 40대에 접어든 패리스 힐튼은 머리부터 발끝까지 중고 의류를 입은 사진을 인스타그램에 올렸다. 친절하고 긴 설명도 덧붙였다.

> 고백 : 이 옷은 중고 의류 플랫폼에서 산 것입니다. (중략) 새 옷 대신 중고를 구입하면 탄소 발자국을 82% 줄일 수 있습니다. 100만 명이 참여하면 4,000만 파운드의 탄소 배출을 없앨 수 있어요. 패션에 관한 저의 선택으로 긍정적인 영향을 끼칠 수 있다는 것에 정말 힘이 납니다. 제가 할 수 있다면, 당신도 할 수 있어요!

바비 인형처럼 핑크 드레스를 입던 20년 전에도, 그 시절 유행이 다시 돌아오는 지금도, 그녀는 뭘 좀 아는 베스트드레서다.

가나 아크라의 해변으로 떠밀려 온 수입 중고 의류.

전 세계에서 매주 1,500만 개의 헌 옷이 수입되는 칸타만토 중고 시장.

중고 시장 근처의 '옷 무덤' 위에서 먹을 것을 찾는 소들.

끝없이 쌓이는 옷을 태우느라 연기가 자욱하다.

칸타만토 중고 시장 근처, 오다우강은 더 이상 흐르지 않는다.

방글라데시 다카에 위치한 의류 공장 밀집 지역,
알록달록한 옷감들이 운하에 쌓여 있다.

의류 공장에서 흘러나온 폐수로 오염된 부리강가강.

경기도의 중고 의류 집하장, 수출을 기다리는 옷들이 쌓여 있다.

멀쩡하지만 불태워지는 옷들.

인생 마지막 쇼핑 품목인 빨간 코트를 입고 연행되는 제인 폰다.

KBS 〈환경스페셜 - 옷을 위한 지구는 없다〉

3장

먹다 버릴 지구는 없다

아이스크림의 행방

"아무도 슈퍼마켓 음식의 30%가
쓰레기통으로 버려지는 건 얘기하지 않죠."

"3개에 만 원, 3개에 만 원. 있을 때 가져가세요."

폐점 시간을 앞둔 식품관은 뒤늦게 끼니를 해결하러 온 사람들로 북적였다. 마감 세일 덕에 착해진 가격의 초밥이 먹음직스러워 보였다. 하지만 곧 기차를 타야 하는 터라 시간이 빠듯했다. 그때 소프트 아이스크림이 눈에 들어왔다.

"바닐라맛으로 하나 주세요."

"죄송한데 포스기를 마감해서 팔 수가 없어요."

아쉬움을 안고 다른 가게로 향했다. 몇 걸음을 떼다 '처음부터 아이스크림 가게로 갈 걸' 하고 뒤를 돌아본 순간, 보고 말았다.

점원이 기계의 레버를 꾹 눌러 아이스크림을 짜내는 모습을. 아이스크림이 담기는 곳은 음식물 쓰레기통이었다. 조금 전까지 4,000원에 팔리던 아이스크림은 그렇게 음식물 쓰레기가 되고 있었다. 궁금해졌다. 멀쩡한 음식과 쓰레기를 구분 짓는 건 무엇일까? 이렇게 멀쩡한데 버려지는 음식의 양이 우리나라에서 얼마나 될까? 전 세계에서는? 이것들은 다 어디로 가는 걸까? 머릿속 질문은 점점 과격해졌다. 4,000원짜리 아이스크림이 눈 깜짝할 사이 쓰레기가 되는데 인플레이션이며 식량난이 다 무슨 소리야? 참 이상한 일이 일어나고 있는데 모두가 그러려니 할 때, PD는 '얘기되는 아이템'의 냄새를 맡는다. 〈먹다 버릴 지구는 없다〉는 그렇게 기획되었다.

불길한 예감은 이번에도 틀리지 않았다. 멀쩡한 음식이 버려지는 것은 우리나라만의 일이 아니었다. 불행 중 다행이라기엔 민망하지만 우리나라보다 잘하고 있다 할 만한 곳을 찾기도 힘들었다. 'Food waste'(음식물 쓰레기) 키워드로 자료 검색을 하던 중 가장 충격적인 장면은 의외의 곳에서 발견되었다. 마트 쓰레기통에서 꺼낸 수백 개의 햄으로 거실 바닥을 꽉 채운 인스타그램 게시물. 사진이 촬영된 곳은 지속 가능성이 높은 청정 도시로 손꼽히는 덴마크의 코펜하겐Copenhagen이었다.

매트 홈우드Matt Homewood는 동네 슈퍼마켓 쓰레기통에서 발견한 음식을 3년째 사진으로 기록하고 있었다. 포장도 뜯지 않은 베이컨 157개, 사과주스 180병, 피자 40판, 나초 100봉지, 유기농 아스파라거스 83묶음, 케첩 35병, 47개의 크리스마스 쿠키까지…. 그의 인스타그램 피드는 먹방 유튜버의 화려한 썸네일을 방불케 했다. 그가 쓰레기통에서 꺼낸 음식들은 멀쩡했다. 썩은 사과, 흠이 난 당근, 유통기한이 지난 우유가 아니었다.

'도시 수확자Urban Harvester'로 불리는 매트는 쓰레기통에서 수확한 음식만으로도 사는 데 전혀 문제가 없다고 했다. 집 주변의 작은 슈퍼마켓 쓰레기통만 열어도 2,000크로네(약 40만 원)어치의 멀쩡한 음식을 찾는 건 어렵지 않았다. 가끔 달걀 100판이 한꺼번에 발견되면 너무 무거워 전부 들고 갈 수 없는 게 아쉬울 뿐. 종종 노숙인으로 오해받는 그는 코펜하겐대학교에서 기후 변화를 공부하고 있는 학생이자 환경 운동가였다.

우리는 줌 미팅으로 처음 만났다. 매트는 내 또래의 밝은 영국인이었다. 그는 자전거 천국인 코펜하겐을 사랑하는 만큼이나, 명성 높은 녹색 도시가 음식을 태워 없애는 현실에 괴로워했다.

"밀 가격이 올랐다고 세계가 아우성이죠. 그런데 유럽 슈퍼마켓 제빵류의 16%가 매일 쓰레기통에 버려져요. 인플레이션으로 식료품값이 10% 상승하면 엄청난 뉴스가 되는데, 아무도 슈퍼마켓 음식의 30%가 쓰레기통으로 버려지는 건 얘기하지 않죠. 미친 짓 아닌가요?"

지구 한편에서는 멀쩡한 음식을 잔뜩 버리고, 반대편에서는 그 음식을 만들기 위해 엄청난 물과 흙이 사라지는 아이러니. 특히 패션 하울링만큼이나 먹방 영상이 인기를 끄는 지금, 옷도 음식도 콘텐츠로 소비하고 버리기엔 거기에 걸린 목숨이, 대가가 너무 크다는 것을 보여줘야만 했다.

두 나라가
음식물 쓰레기를 대하는 방식

"1초마다 30톤이 넘는 음식이 버려진다."

저녁 7시, 슈퍼마켓은 환하게 불을 켠 채 영업 중이었다. 하지만 매장 뒤편의 쓰레기통은 이미 가득 차 있었다. 모든 쓰레기통을 열어볼 수 있는 건 아니었다. 그날 매트가 찾아간 슈퍼마켓 5곳 중 2곳은 쓰레기통에 묵직한 자물쇠가 채워져 있었다. 이토록 보안이 철저한 음식물 쓰레기라니! 어이없다는 듯 자물쇠를 흔들던 매트가 스마트폰을 꺼냈다. 내일이면 수만 명의 팔로워가 그 영상을 볼 터였다.

"슈퍼마켓에서는 당신을 무서워하겠어요. 직원들이 뭐라고 한 적은 없나요?"

"직원들이 와서 물으면 친절하고 솔직하게 다 얘기해요. 이건 제 연구 활동이고, 음식물 쓰레기를 줄이기 위한 캠페인이기도 하다고요. 그러면 보통 재미있어해요. 쓰레기통 주변을 깨끗이 정리하고 가는 게 제 원칙이기도 하고요. 슈퍼마켓을 운영하는 기업은 당연히 저를 싫어하죠. 하지만 직원들과 언성을 높인 적은 한 번도 없어요."

"그런데 이거, 촬영해도 괜찮은 거죠?"

한 달 전 의뢰한 미국 촬영이 떠올라 불안했다. 뉴욕 식당가에서 매트처럼 쓰레기통을 뒤지는 환경 운동가를 촬영했는데, 사유 재산인 쓰레기와 프라이버시를 침해한다며 식당 주인과 행인들이 특파원을 밀치고 욕설을 뱉었던 것이다.

"덴마크에서는 쓰레기통을 뒤지는 게 불법이 아니에요. 다른 유럽 국가에서는 절도죄나 무단침입죄가 적용되는 경우가 많죠. 독일, 아이슬란드에서는 쓰레기통을 뒤진 환경 운동가들이 기소되기도 했고요. 코펜하겐은 날씨가 추워서 밖에 내놓은 쓰레기통은 거의 천연 냉장고라 쓰레기통 뒤지기에 이만한 곳이 없죠."

쓰레기통을 뒤지다가 절도죄로 처벌을 받다니. 쓰레기통을 뒤져 매립지로 가기 전인 음식을 먹는 것과 먹지도 않은 음식을 버려야 돌아가는 시스템을 그대로 두는 것 중 어느 쪽이 더 비난받아야 할까? 세상을 더욱 망가뜨리는 것은 어느 쪽일까?

매트와 나에게 서로의 음식물 쓰레기 기록은 무척 신기했다. 나는 슈퍼마켓 쓰레기통을 채운 멀쩡한 음식들에 놀랐고, 매트는 5톤 트럭이 음식물 쓰레기들을 토해내는 짬통 폭포에 눈이 휘둥그레졌다. 한국에서는 음식이 아무도 볼 수 없는 곳에서 버려졌다. 그러니 마트의 쓰레기통을 뒤져봐야 먹을 것도, 촬영할 것도 하나 없었다. 대신 멀쩡한 음식들은 셔터가 내려진 백화점과 마트의 뒤뜰이나 창고로 보내졌다. 거기서 직원들은 초밥과 돈까스의 비닐을 벗기고, 우유갑을 열어 내용물을 따라 버리고, 빵의 포장을 뜯어냈다. 자세히 보아야 하나가 살짝 무른 걸 알 수 있는 딸기 상자, 흠집 난 것이 하나 섞여 있는 고구마 봉지가 이런 '해체식'에 동원됐다. 음식물 분리배출 의무화로 인한 한국만의 독특한 풍경이었다.

"색이 조금 변해서 폐기하고 있어요. 사실 색이 변해도 자르고 드시면 상관은 없거든요. 이렇게 흠집이 나면 할인해서 팔다가 안 되면 저희가 자체적으로 폐기합니다."

늘 새로운 상품이 들어오는 마트에서 매일 무언가는 버려진다. 진열 공간은 돈이다. 사람들은 조금이라도 늦게 들어온 신선한 것을 집는다. 어차피 남아서 자리만 차지할 음식들은 비용이 될 뿐이다. 유통기한이 내일로 끝나는 빵과 우유, 3만 원짜리 연어 세트가 '상품성 유지' 명목으로 폐기되는 이유다. 그러나 먹을 수 있는 음식을 버린 결과는 음식물 쓰레기의 악취로 끝나지 않는다. 그 식품이 마트로 오기까지 생산, 유통, 소비, 폐기의 전 과정에서 발생되는 에너지, 비료, 자원을 버리고, 우리는 온실가스를 떠안는다.

1년에 10억 톤, 1초마다 30톤이 넘는 음식이 버려진다.[1] 중국보다 넓은 면적의 땅이 오로지 폐기될 농산물을 생산하는 데 사용되고 있다.[2] 풍경은 다르지만 두 나라 음식물 쓰레기의 본질은 같았다. 하나가 깨진 코펜하겐의 달걀 한 판과 뚜껑이 찌그러진 케첩, 마감 세일이 끝난 서울 마트의 5만 원짜리 활어회 도시락은 쓰레기가 되어서는 안 되는 것들이었다.

"매트, 쓰레기통에 있는 음식들은 다 어디로 가나요? 다른 쓰레기랑 그냥 섞여 있던데."

"코펜힐CopenHill로 가죠. 들어봤죠? 친환경 도시 코펜하겐의 상징!"

슬프고 우울한
쾌락의 언덕

"실컷 만들고 버려도 잘 태우면 된다는 게
쓰레기 문제의 해결책이 될 수 있을까요?"

안데르센이 살았다는 뉘하운 운하의 나지막한 집들, 그를 기리며 세워진 80cm 높이의 인어공주 동상까지. 코펜하겐의 명물들은 작고 사랑스럽다. 그런데 2017년, 이 귀여운 도시에 거대한 랜드마크가 생겼다. 요즘 높으신 분들이 덴마크로 견학을 가면 일정에서 빠지는 법이 없는 '아마게르 바케Amager Bakke'다.

산도, 고층 빌딩도 없는 코펜하겐에서 85m 높이의 아마게르 바케는 그야말로 '힐hill'이다. '코펜힐CopenHill'이라는 애칭으로 널리 알려진 이 소각장은 녹차맛 조각 케익을 옆으로 쓰러뜨린 모양인데, 세계에서 가장 멋진 쓰레기장이라는 찬사에 걸맞은 여러 미덕을 지녔다.

아마게르 바케는 코펜하겐을 포함한 5개 도시에서 배출된 연간 60만 톤의 쓰레기를 태워 15만 가구에 전기 또는 난방열을 공급하며, 굴뚝으로는 수증기와 이산화탄소만 배출한다.[3] 뿐만 아니라 건물의 외벽 경사에는 465m의 슬로프를 만들어서 도시를 내려다보며 스키를 탈 수 있고, 암벽 등반장, 전망대, 환경 교육 시설, 루프탑 카페까지 갖추어 지역 명소 역할을 톡톡히 하는 중이다.

게다가 이 시설은 용감하게도 도시 한복판에 있다. 덴마크 왕실 거주지인 아말리엔보르성에서 2km, 인근 아파트 단지에서는 불과 200m 떨어진 곳에 소각장이 세워진 것이다.[4] 서울 마포구에 소각장을 세우느냐 마느냐로 시끄러운 지금, 추진하는 쪽에서는 어김없이 "코펜하겐 같은 명소로 만들겠습니다"라는 말이 나오는 이유다. 쓰레기 매립지 문제로 인천과 서울의 갈등이 수년째 이어지는 것을 보면 매립보다 소각이 합리적이라는 의견에도 일리가 있는 것처럼 보인다.

그러나 6억 7,000만 달러(약 9,597억 원)짜리 친환경 랜드마크에는 복잡한 속사정이 있다. 운영 비용을 충당하기 위해서는 소각장을 최대로 가동해 열과 전기를 팔아야 하는데, 그러려면 소각로를 가득 채울 쓰레기가 필요하다. 설계 단계부터 코펜하겐의 쓰레기 배출량에 비해 너무 크다는 비판을 받은 아마게르 바케는 얼마 못 가 태울 쓰레기가 부족해 주변 국가들의 플라스틱 쓰레기까지 수입해야 했다.[5] 쓰레기 수입이 싫다면 재활용을 덜 하거나 쓰레기를 더 만드는 수밖에. 문제는 더 많은 쓰레기를 태워 수익이 늘어날수록 코펜하겐의 탄소 배출량도 늘어난다는 것이었다. 탄소 중립 목표를 천명한 코펜하겐에서 이 친환경 소각장은 딜레마가 되었다. 애초에 코펜하겐 시의회는 재활용 가능한 물질을 소각해도 좋다는 잘못된 신호를 보낼 수 있다며 아마게르 바케의 건설을 반대했다.[6]

동이 트면 트럭에 실려 가 소각장의 불 속으로 던져질 소고기 패키지들을 보며 매트는 고개를 저었다.

"실컷 만들고 버려도 잘 태우면 된다는 게 쓰레기 문제의 해결책이 될 수 있을까요? 소각장을 가동하려면 가스를 수입해야 하고, 당연히 탄소가 배출돼요. 하지만 더 큰 문제는 다른 데 있어요. 남반구에서 생산된 사료를 먹여서 엄청나게 많은 가축을 키우고 고기로 만들어서 쓰레기통에 넣고 있잖아요. 결국 쓰레기통에 버릴 고기를 만들겠다고 사바나와 열대우림의 나무를 베어 버리고 있는 거죠. 빙하로 덮이지 않은 땅의 50%가 식량 생산에 사용돼요. 산림 개간의 70%가 식량 생산을 위해 이루어지고요. 17%가 아니라 70%가요."

코펜하겐은 2025년까지 세계 최초의 탄소 중립 수도가 되겠다고 선언했다. 그리고 2022년 이를 철회했다. 전 세계 정치인들이 견학을 오는 아마게르 바케는 탄소 중립 목표 달성의 방해물로 지목되었다.[7]

분명 덴마크는 친환경 선진국이다. 이 나라는 풍력 발전만으로 전 국토에 충분한 전력을 생산한다. (그러니 더더욱 쓰레기를 태워 전력을 만들 필요가 없다.) 코펜하겐의 도시 개발 정책은 시내 이동 수단의 75%를 도보, 자전거, 대중교통으로 전환하겠다는 명확한 목표를 가지고 있다.[8] 게다가 2025년 기준 22만 6,500크로네(약 4,500만 원) 이하의 신차는 가격의 85%, 이보다 비싼 자동차는 가격의 150%를 등록세로 내야 한다.[9] 코펜하겐 시내에서는 장소 간 이동에 자동차보다 자전거가 더 빠른 경우가 많다. 자전거 이용자들이 신호를 편하게 기다릴 수 있도록 도로 연석 위에 발판까지 설치했으니 우리보다 한참 앞선 나라임에는 틀림없다. 또한 유럽연합의 조사에 따르면 덴마크인의 74%가 기후 변화를 세계가 직면한 가장 심각한 문제로 간주하는데, 이는 유럽연합 평균인 46%를 한참 앞선다.[10]

한편 덴마크의 1인당 탄소 배출량은 유럽연합의 평균보다 높다. 쓰레기 배출량과 전자 폐기물 배출량은 세계 최상위권이다. 게다가 코펜하겐의 배출 감소 계획은 도시의 굴뚝에서 나오는 것에 집중되어 있다. 중국에서 만든 플라스틱 장난감을 구입하거나 브라질에서 키운 닭, 인도네시아의 팜유로 만든 식품을 수입하는 것은 지구 환경에 미치는 영향이 아주 크지만, 탄소 중립 도시 코펜하겐을 만드는 데는 어떤 영향도 끼치지 않는다.

코펜하겐이 세계의 친환경 수도로 찬사를 받는 동안, 아마존 숲을 베어낸 자리에 콩을 심어 키운 고기들은 계속해서 수입되고, 또 소각장에서 태워져 친환경 연료가 되고 있다.

아마게르 바케는 '슬프고 우울한 지속 가능성을 대신하는 쾌락주의적 지속 가능성'을 건축 철학으로 내세웠다. 소각장에서 스키를 타는 쾌락 하나는 남았다. 그러나 여전히, 슬프고 우울하다.

자연의
선물이라는 착각

"저건 숲이 아니에요.
무서우리만치 조용하잖아요."

"헐, 산불 스케일 대박."
"발리로 휴가 가는데 망했다. 관광지는 괜찮으려나?"
"저렇게 공기가 나쁜데도 오토바이를 타고 다니네."
"동남아 가면 물도, 음식도 조심해야 돼. 전부 오염이 심해서."
 주황빛 하늘, 짙은 연기 속 얼굴을 꽁꽁 싸맨 오토바이 운전자들의 모습. 아니나 다를까 좀처럼 좋은 뉴스가 들려온 적이 없는 운 나쁜 나라의 소식이었다. 이유는 궁금하지 않았다. 원래 저런 나라에서는 이해하기 힘든 일들이 많이 일어나니까. 카카오톡으로 친구들에게 기사 링크를 전송했지만 그 나라가 걱정되어서는 아니었다. 어차피 본문은 읽지 않는다. 충격적인 사진과 헤드라인만 소비해도 충분하다. 따분한 오후 단체 채팅방에서 해외 산불, 홍수 소식은 대화의 물꼬를 트기에 적당한 소재였다.

지구에서 세 번째로 큰 섬, 보르네오Borneo 면적의 70%를 차지하는 인도네시아의 칼리만탄은 세계 최대의 열대우림이자 팜유 생산지다. 팜나무의 적갈색 과육에서 짜낸 팜유는 널리 소비되는 식물성 기름으로 과자, 아이스크림, 초콜릿, 라면, 분유, 피자 등의 가공식품부터 비누, 치약, 화장품과 같은 생활용품, 더 나아가 바이오 디젤의 원료로도 쓰인다. 팜 열매는 해바라기씨, 콩, 유채보다 같은 면적당 얻을 수 있는 기름의 양이 최대 10배까지 많아 효율 면에서 이를 따라올 식물성 기름이 없을 정도다.[11] 덕분에 지난 50년간 세계의 팜유 수요는 40배 증가했고, 칼리만탄의 열대우림에는 점점 더 많은 팜나무가 인위적으로 심겼다.[12]

"이 지역 산불의 80%는 기업들이 불을 지르는 저렴한 방식으로 숲을 개간하는 과정에서 발생했습니다. 850만ha의 숲이 팜나무 농장을 만들기 위해 사라졌어요."[13]

믿기 힘든 숫자를 말할 때마다 엠마누엘라 신타Emmanuela Shinta의 목소리는 높아지고 동그란 눈은 더욱 커졌다. 환경 단체 라누 웰룸Ranu Welum의 대표인 그녀는 칼리만탄의 원주민인 다약Dayak 족 여성이었다.

그녀의 삶을 바꾼 건 2015년의 대화재였다. 260만ha의 숲이 불탔고 그중 3분의 1은 이탄지였다.**14** 나뭇잎, 가지 등 식물의 잔해가 오랫동안 퇴적된 땅인 이탄지는 웬만해서는 불이 붙지 않지만, 한번 타기 시작하면 땅속 깊은 곳까지 그을리며 막대한 탄소를 내뿜는다. 불타는 이탄지가 뿜어낸 붉은 연기로 앞이 보이지 않자, 사람들은 문을 걸어 잠근 채 스스로를 집에 가뒀다. 매캐한 연기는 수백 킬로미터까지 번져 말레이시아와 싱가포르에서도 휴교령이 내려졌다. 4,300만 명이 유독한 연기에 노출되었고, 10만 명이 조기 사망했으며,**15** 인도네시아는 국내총생산의 1.9%에 달하는 재정 손실을 입었다.**16** 이 화재만으로 한국은 물론 일본, 영국의 연간 배출량보다 많은 탄소가 뿜어져 나온 것은 긴 피해 목록 중의 하나일 뿐이었다.**17**

숲속 깊은 마을에서는 마스크 한 장을 구하기도 어려웠다. 막 스무 살이 된 엠마누엘라와 친구들은 오토바이를 타고 다니며 구호 물품을 전달하고, 소방관들을 위해 요리를 하기 시작했다. 그날 이후 그녀의 삶은 이전과 같을 수 없었다. 텃밭을 가꾸고 과일을 따던 숲이 잿더미가 되는 것을 보면서 그녀는 가만히 앉아 당할 수는 없다는 생각에 라누 웰룸을 만들었다. 100여 명의 청년들은 칼리만탄의 숲을 지키기 위해 시위를 조직하고, 단편

영화를 만들어 SNS에 공유했다.

"기업이 미국이나 유럽에 이런 큰불을 질렀다면 세계적인 뉴스가 되었겠죠. 그런데 칼리만탄에 불이 났을 당시 해외 언론의 관심사는 인도네시아의 화재 때문에 싱가포르의 공기가 얼마나 오염되었는지였어요. 다들 인도네시아의 열대우림이 손 닿지 않은 낙원이라고 해요. 여기에 사는 사람들이 고통받는 이야기는 아무도 듣고 싶어 하지 않는 것 같아요."

대형 화재는 2019년에도 반복되었고 숲이 불탄 자리에는 어김없이 팜나무가 심어졌다. 매년 건기마다 일어나는 크고 작은 불을 제외하더라도 2015년과 2019년 두 번의 큰 화재만으로 우리나라 면적 절반 크기의 숲이 불타버렸다. 기업들이 개간을 위해 일부러 불을 질렀다는 건 환경 단체의 합리적 의심에 그치지 않았다. 2023년 7월, 인도네시아 대법원은 2,560ha의 숲을 태운 혐의로 한 팜유 기업에 9,200억 루피아(약 817억)의 벌금을 부과한 판결을 확정했다.[18] 인도네시아 환경부는 방화가 의심되는 22개 기업을 상대로 소송을 제기했다. 14개 기업의 혐의가 입증되었으나 지난한 항소가 진행 중이다.[19]

한편, 팜유 농장이 들어서기 전부터 이미 인도네시아 농민들이 화전으로 숲을 망쳐왔다는 글로벌 기업들의 날카로운(?) 지적도 있다. 그렇게 잘 알면서 말리지는 못할망정 더 큰불을 내고 물타기를 할 줄이야. 개간을 위한 고의적 방화는 2009년부터 인도네시아에서 엄연히 불법이다. 반환경적 행위에 제동이 걸릴 때마다 "왜 나한테만 그래?" 하며 체급이 한참 낮은 구멍가게로 시선을 분산시키는 익숙한 전개가 펼쳐진다. 한술 더 떠 '저 사람들은 그거라도 해야 먹고 살지'라며 고용 효과를 내세워 입을 닫게 하는 것 역시 모든 오염 산업에서 반복되는 레퍼토리다.

칼리만탄은 여전히 울창하다. 키 큰 팜나무 아래를 걸으면 열대우림이 내뿜는 이국적인 푸른빛에 기분이 좋아질지도 모른다. 하지만 드론 영상으로 내려다본 숲은 기괴했다. 바둑판처럼 구획된 땅에 똑같이 생긴 팜나무들만이 가로세로 줄을 지어 서 있었다. 지평선 끝까지 빽빽하게 들어선 팜나무 잎들은 자기와 다르게 생긴 무엇이든 다가오면 당장이라도 집어삼킬 것처럼 성게 가시 같은 팔을 활짝 벌린 채였다. 사진으로 남은 이곳의 옛 모습은 달랐다. 산허리에 구름이 걸려 있고, 높낮이가 다른 나무들이 어우러진 풍경을 보니 참담함이 밀려왔다. 지난 40년 동안 보르네오섬의 열대우림 약 30%가 사라졌다.[20] 숲은 거대한 식품 공장이 되었다. 그리고 숲에서 살던 사람들은 갈 곳을 잃었다.

"팜유 기업이 들어오면서 우리는 생계 수단을 전부 잃었어요. 더 이상 농사를 지을 땅도 없고, 전처럼 숲에서 먹거리를 구하거나 고기를 잡을 수도 없어요. 숲에는 필요한 게 전부 있었어요.

팜유 농장이 생기고 그 모든 것이 사라졌습니다. 저건 숲이 아니에요. 무서우리만치 조용하잖아요."

대대로 숲에서 살아온 마르디아나 씨는 조상에게 물려받은 땅을 잃었다. 어두컴컴한 부엌 한편에 걸린 사냥총, 그물, 남편의 사진만이 지난날의 삶을 기억하는 듯했다. 다약족의 일원인 부부는 팜나무 농장이 들어설 당시 그들의 관습적 토지 소유권을 인정받지 못했다. 대부분의 이웃들이 그렇듯 삶의 터전을 빼앗긴 부부는 인근 도시의 쓰레기장으로 가 쓸 만한 것을 주워 생계를 이어가는 수밖에 없었다. 토지 소유권을 두고 팜유 기업 사람들과 실랑이를 벌이던 마르디아나 씨의 남편은 감옥에 다녀온 뒤 얼마 못 가 눈을 감았다. 원주민 공동체와 팜유 기업 간의 해결되지 않은 토지 분쟁은 4,000건에 달한다.[21]

결국 마르디아나 씨는 그렇게 증오하던 팜유 농장의 노동자가 될 수밖에 없었다. 가족의 먹거리를 빼앗긴 땅에서 그녀는 세계의 먹거리를 생산한다. 그녀는 굶주리지만, 세계의 식량 생산량은 늘어나고 있다.

인도네시아산 팜유는 세계 시장의 60%를 차지한다.[22] 그러나 팜나무의 자생지는 서아프리카로, 인도네시아가 팜유의 최대 수출국이 된 것은 그다지 자연스럽지 않다. 세계 식량 산업의 관점에서 적합한 기후에 저렴한 노동력과 '노는 땅'(실제로는 원주민과 수많은 동식물로 가득한 땅)이 많은 칼리만탄이 '팜유 공장'으로 선택되었을 뿐이다.

게다가 칼리만탄에 팜나무를 빼곡히 심는 것은 기후 변화가 세계 경제의 최대 변수로 떠오른 상황에서 효율적이지도 않다. 다른 요인은 배제하고 오로지 지구의 탄소 배출량을 줄이기 위해 '절대 개간하지 말아야 할 숲'의 순위를 매긴다면 칼리만탄은 가장 먼저 이름이 불리는 숲 중 하나일 것이다. 바로 이곳 팜나무 농장의 상당수가 이탄지에 있기 때문이다.

이탄지는 스펀지와 같아서 우기에는 넘치는 물을 흡수하고, 건기에는 땅을 촉촉하게 유지해 화재를 막아준다. 무엇보다도 이탄지는 세계 육지 면적의 3%에 불과하지만 지구 토양이 저장하는 탄소의 30%를 품고 있다.[23] 인간이 팜나무를 심기 위해 없애고 있는 땅은 바로 이런 탄소 저장고다. 반면 기업들이 자랑하는 팜나무의 탄소 흡수 능력은 이에 비하면 턱없이 낮다. 더 큰 문제는 팜유 기업들이 손쉬운 개간을 위해 고의적으로 불을 질러 왔다는 데 있다. 이탄지는 탄소 저장 능력이 일반 토양의 10배 이상인 '탄소 저장고'지만, 화재가 날 경우에는 머금은 탄소를 모두 뿜어내는 '탄소 폭탄'이 되고 만다.

반짝하던 언론의 관심이 잦아들자, 팜유 농장 개간으로 인한 산림 손실은 다시 증가하고 있다. 지금 이 순간에도 숲은 사라진다. 100억 인분의 음식을 만들기 위해서다. 그리고 다 팔 수도, 먹을 수도 없는 20억 인분의 음식이 버려진다.[24] 마트 지하에서 멀쩡한 음식들이 쓰레기통으로 던져지는 것을 보며 생각했다. 숲은 무엇을 위해 불탄 걸까? 음식이 자연의 선물이라는 말은 틀렸다.

 먹지 말자는 것도, 죄책감을 갖자는 것도 아니다. 너무 많이 만들고 너무 많이 버려도 음식은 자연에서 오고 자연으로 돌아가니 괜찮다는 생각을 그만두자는 것이다. 배울 만큼 배우고 가진 만큼 가진 사람들이 '그만큼 버려도 괜찮다'고 할 때 주어가 무엇인지 되물어야 할 때다. 코펜하겐에 사는 매트는 이것이 우리가 손해 보는 게임이라고 말한다. 칼리만탄에 사는 엠마누엘라와 서울에 사는 나도 같은 생각이다.
 "이런 폐기에 대한 비용을 치르고 있는 것은 저와 당신처럼 평범한 소비자들입니다. 기업들은 폐기 비용을 식품 가격에 반영하기 때문이죠. 식품 산업의 입장에서 볼 때 식품을 폐기하는 비용은 너무 저렴합니다. 버리는 게 이득이 되죠. 우리는 그걸 바꿔야 합니다."

수요 없는
공급의 냄새

"그냥 시골에 갖다 부어버리니
서울은 깨끗하겠지."

폐점 시간이 지난 쇼핑몰의 지하 주차장은 텅 비어 있었다. 차갑게 내려앉은 공기 속, 5톤 트럭 한 대가 모습을 드러냈다.

"아이고, 늦게 수고하십니다. 뭐 볼 것도 없는데."

음식물 쓰레기 수거는 보통 캄캄한 밤에 이루어진다. 기사님은 대낮에 수거를 다니면 민원이 쏟아져 일을 할 수가 없다고 했다. 이른 새벽에 다니는 수거 차량이 지하철역 근처를 지날 때면 차를 오르내리는 작업자들의 걸음이 더욱 빨라졌다. 출근길에 음식물 쓰레기 트럭을 마주치면 재수 없다는 사람들이 많다나 뭐라나. 야간 수거의 경우 교통사고 위험도 훨씬 높다지만,

어쩌겠는가? 이런저런 이유로 음식들은 모두가 잠든 시간 어둠 속에서 치워진다.

밤 11시가 지나 각 매장에서 내려온 음식물 쓰레기통 50개가 지하에 가지런히 모였다. 촬영 감독님과 나는 쓰레기통 앞으로 다가갔다.

"쓰레기통 여는 걸 멀리서 찍고, 가까이 와서 내용물도 찍어주세요. 서너 개만 열어볼게요."

마스크의 코 지지대를 단단히 누르고 결연하게 뚜껑을 열어젖혔다. 그런데 웬걸? 예상과 달리 '음쓰'의 악취는 없었다. 팝콘만 가득한 120L 쓰레기통에서는 달콤한 향이 진동했다. 다른 쓰레기통들도 마찬가지였다. 하나씩 열 때마다 먹지 않은 망고, 식빵, 커피 원두, 크림 파스타가 나왔다. 서로 섞이지 않은 음식들은 전혀 쓰레기로 보이지 않았다. 솔직히 맛있겠다는 생각이 먼저 들었다. '저게 다 얼마야?' 하는 속 쓰림도 뒤따랐다.

하지만 이 먹음직한 음식들이 마주치기 싫은 음식물 쓰레기가 되는 건 순식간이었다. 트럭의 짐칸이 열리자 쓰레기통은 하나씩 속을 비워냈고 내용물은 서로 뒤섞였다. 방금까지 입맛을 다시게 하던 음식들은 코를 찌르는 쓰레기 수프가 되어 버렸다.

음식물 쓰레기 처리에 있어 우리나라는 꽤나 선진국으로 알려져 있다. 전국적으로 음식물 쓰레기를 전량 분리해 배출하는 나라는 한국뿐이다. 유럽이나 미국에서 먹다 남은 피자를 포장째 쓰레기통에 넣는 광경을 보고 한국인들이 기겁하는 이유다. 그때마다 우리는 툴툴댄다. 코딱지만 한 나라에서 이렇게 열심히 하면 뭐 해, 미국은? 중국은?

어쨌든 우리가 열심히 모은 음식물 쓰레기는 거의 전부 자원화되고 있다. 환경부에 의하면 가정과 사업장에서 분리 배출된 음식물 쓰레기의 자원화 비율은 97%에 이른다.[25] 이 중에서 76%는 가공을 거쳐 사료 또는 퇴비가 되고, 14%는 바이오가스가 된다.[26] 즉 대부분이 사료나 퇴비가 되는데, 문제는 그중 돈을 받고 판매되는 '상품'이 거의 없다는 것이다. 서울의 한 자치구에서 운영하는 음식물 자원순환센터에는 음식물 쓰레기로 만든 사료들이 포대째 수북이 쌓여 있었다.

"오늘 만든 사료는 어디로 팔리나요?"

"파는 건 아니고요. 필요하다고 연락 오는 농가가 있으면 무상으로 나눠주고 있어요."

수요가 있어야 공급이 있고, 팔릴 양에 맞춰 생산하는 것이 상식인 사회에서 음식물 쓰레기는 예외였다. 사겠다는 사람이 없어도 사료와 퇴비를 만드는 공장은 쉬지 않고 돌아간다. 일부 사료 제조 기업은 이를 가공해서 기존 사료에 섞어 판매하기도 하지만, 음식물 쓰레기를 원료로 사용했다는 사실은 쉬쉬한다.

심지어 음식물 자원순환센터는 대표적인 혐오 시설이다. 서울의 25개 자치구 중 음식물 쓰레기 처리 시설을 갖춘 곳은 강동구, 도봉구, 동대문구, 송파구 단 4개뿐이다. 서울에서 발생한 음식물 쓰레기의 70%는 서울 밖에서 처리되고 있다.[27] 친환경 시설과 일자리를 아무리 홍보한들 음식물 자원순환센터를 지역구에 유치하겠다고 말할 용기가 있는 국회의원은 없을 것이다.

깜깜한 밤에 다니는 수거차처럼 음식물 쓰레기 처리 시설도 눈에 띌세라, 냄새라도 새어 나갈세라 어둡고 깊은 곳에 꽁꽁 숨어 있었다. 트럭이 싣고 온 음식물을 쏟아내면 물기가 빠진 건더기들은 곧장 지하로 보내졌다. 햇빛도 바람도 들지 않는 곳에서 작업자들은 컨테이너 벨트 위의 음식물 쓰레기에서 비닐, 이쑤시개, 유리 조각, 때로는 동물의 사체를 골라내고 있었다.

탈수, 건조, 분쇄를 위해 3개 층에 걸쳐 들어선 거대한 기계들은 육중한 소음을 냈다. 마스크를 쓰고 소리를 질러가며 인터뷰 했지만 담당자의 답변을 이해하지 못한 채 연신 고개를 끄덕일 수밖에 없었다. 100% 재활용하니까 괜찮지 않을까 하던 속 편한 마음이 답답함에 꽉 막혀왔다. 서울에 4개뿐인 음식물 쓰레기 처리 시설은 전국에는 374개로, 국회의원 의석 수보다 많다.[28] 여기에 매년 들어가는 처리 비용만 1조 원이 넘고,[29] 배출되는 탄소는 885만 톤에 이른다.[30] 음식을 버리는 것은 공짜가 아니었다. 사겠다는 사람이 없는 음식물 쓰레기 사료를 만들기 위해 비싼 땅과 노동력, 세금이 쓰이고 있었다. 자랑스러운 '음식물 쓰레기 자원화 100%'의 이면이었다.

퇴비, 흔히 말하는 비료는 상황이 더 심각했다. 제보를 듣고 찾아간 대전 근교의 전원 마을, 봉고차에서 내리자 머리가 희끗희끗한 어르신이 맞아주셨다. 자신을 청년 위원장이라 소개한 어르신은 두 손으로 악수를 청하더니 촬영도 전에 연신 고맙다며 허리를 굽혔다. 늘 이런 식이다. 잔뜩 버리는 장면은 늘 서울에서 촬영하는데, 버려진 것들로 고통받는 이들을 촬영하려면 고속도로를 타야 한다. 많이 팔고 실컷 먹고 빨리 버려서 경제 성장을 이끌어주는 서울은 대한민국의 얼굴이지만, 변변한 공장도 없이 노인만 있는 시골은 죽겠다, 못 살겠다 한들 아무도 거들떠보지 않는 것이다.

어르신을 따라간 곳은 밭이었다. 겉보기엔 텅 빈 1,000평 밭 아래 700톤의 음식물 쓰레기 비료가 묻혀 있다고 했다. 어느 날 마을에 나타난 트럭은 땅을 파고 갈색 비료를 쏟아붓기 시작하더니, 한 달 동안 매일 어마어마한 양의 비료가 땅에 부어졌다. '비료'의 사전적 정의는 토지의 생산력을 높이고 식물의 생장을 촉진하는 영양 물질이라는데, 농사도 짓지 않는 밭에 700톤의 비료가 필요할 리 없었다. 얼마 못 가 밭에는 어마어마한 파리떼가 꼬였고 검은 침출수가 새어 나오기 시작했다. 날씨가 더워지자 코를 찌르는 썩은 냄새가 마을 주민들을 괴롭혔다. 주민들은 비료업체에 항의해 봤지만 돌아온 것은 땅 주인과 이야기가 됐으니 상관하지 말라는 대답뿐이었다.

내가 마을을 찾은 건 그 소란으로부터 1년 반이 지난 겨울이었다. 그런데도 겉흙을 조금 걷어내자 금방 시커먼 흙이 나왔다. 썩은 냄새도 함께 올라왔다. 촬영을 위해 흙을 한 움큼 퍼서 코에 갖다 대던 어르신들은 그때의 울분이 떠오른 듯했다.

"무료로 좋은 비료를 주니 법적으로 문제가 없다, 몇 년 지나면 오히려 흙이 좋아진다고 거짓말을 하는 거예요. 직접 보면 경악할 지경인 거죠."

"그런데 그 비료들은 이 동네 음식물 쓰레기로 만든 건가요?"

취재 소식에 옆 마을에서 달려온 아주머니가 대답했다.

"그럴 리가 있어요? 마을에 식당 하는 것도 나 하나예요. 이렇게 그냥 시골에 갖다 부어버리니 서울은 깨끗하겠지."

20년을 일해 모은 돈으로 마련한 땅, 부부는 평생 소원이던 '내 식당'을 열었다. 손님들에게 싱싱한 채소를 대접하겠다며 한편에는 텃밭도 마련했다. 하지만 행복은 잠시였다. 가게 문을 연 지 겨우 석 달, 식당 앞 빈 밭에 낯선 트럭과 포크레인이 나타났다. 역시나 밭 주인과 이야기가 끝났다며 음식물 쓰레기 비료가 쏟아졌다. 부부의 오랜 꿈은 물거품이 됐다. 얼마 후 지하수에서는 미끈거리는 검은 거품이 나오기 시작했고, 부부는 넉 달이나 식당 문을 닫아야 했다.

"이건 비료가 아니에요. 진짜 사람을 죽이는 거지. 만약에 저 물을 먹었으면 손님들이 어떻게 됐겠냐고."

게다가 우리나라 음식물 쓰레기는 물기가 많아 배출 중량의 90% 이상이 '음폐수'라는 고농도의 폐수가 된다. 그나마 사료나 퇴비가 되어 천덕꾸러기 취급을 받는 것도 10%에 지나지 않는 것이다. 사료와 퇴비가 그러했듯 서울에서 발생한 음폐수의 상당량은 서울 밖, 인천 수도권 매립지에서 처리되고 있었다. 염분과 유기물의 농도가 높은 탓에 음폐수의 정화 비용은 산업 폐수의 10배에 달한다.[31] 쓰레기 매립장에서 나오는 침출수와 비교해도 음폐수의 유기물 농도가 10배 정도라는 담당자의 설명에, 음식이 썩으면 자연으로 돌아간다는 생각은 완전히 사라졌다. 혐기성 소화, 생물적, 화학적 처리가 단계별로 이뤄지는 음폐수 정화 시설은 걸어서 돌아보기 힘들 만큼 넓었다. 계단을 타고 올라가야 하는 커다란 탱크, 짙은 증기를 뿜어내는 유황 온천과 같은 공간을 지나며 토사물 같던 음폐수의 색은 점점 옅어지고 있었다. 콸콸 쏟아지는 물과 약품들 없이는 불가능한 일이었다.

"음폐수가 들어오면 정화돼서 나가기까지 얼마나 걸리나요?"

"혐기성 소화에 25일, 생물적 처리와 화학적 처리에 15일 정도 걸리니까 총 40여 일이 걸린다고 생각하면 됩니다."

집 앞에서 RFID 카드를 찍자마자 눈앞에서 사라진 음식물 쓰레기는 건더기가 되어, 국물이 되어 멀쩡히 세상을 돌아다니고 있었다. 어딘가로 스며들지도, 증발되지도 않은 채.

서울의 음식물 자원순환센터들은 그나마 사정이 좋은 편이었다. 백화점, 대형마트 등 사업장의 음식물 쓰레기를 처리하는 민간 업체들은 대부분 경기도 외곽에 있었다. 화성시에서 만난 음식물 쓰레기 처리 업체의 대표님은 뭐가 제일 힘드냐는 질문에 망설임 없이 답했다.

"첫째는 공장 세우는 게 힘들었지. 들어온다 하면 동네가 난리가 나니까. 둘째는 사람 구하는 거요. 외국인도 안 오려고 해요. 한국말 할 줄 아는 외국인이면 어떻게든 다른 일을 하려고 하지."

인터뷰를 마치고 서울로 돌아가는 길, 봉고차의 문을 닫자마자 기사님이 창문을 전부 열었다. 특별한 사정이 없으면 외부인과 점심 약속을 잡지 않는다는 근무자들의 쓸쓸한 웃음이 떠올랐다. 현관문을 열자 남편이 코를 움켜잡았다. 찌든 냄새를 빼기 위해 일주일 동안 점퍼를 발코니에 걸어두어야 했다. 음식물은 재활용 잘되고 있지 않냐는 나와 당신, 우리에게 물어보고 싶었다. 그러니까 우리 집 앞에 음식물 쓰레기 처리장을 세워도 된다는 거죠? 그때도 계속 이렇게 버려도 되는 거겠죠?

음식을 버리면
벌받는 세상

"판매되지 않은 식품을 고의로
식용 부적합하게 만들 수 없다."

환경 프로그램 PD에게 프랑스는 참 재미있는 나라다. 우리에게도 잘 알려진 생수 에비앙Evian을 만드는 프랑스 기업 다농Danone은 개발도상국의 저가 생수 시장을 장악해 막대한 플라스틱 폐기물을 배출하고 있다. 기업 활동으로 배출한 탄소를 아마존 열대우림으로 흡수하겠다더니, 그로 인한 원주민 강제 퇴거 문제는 나 몰라라 하는 세계 5대 석유 기업 토탈에너지스TotalEnergies 역시 프랑스 기업이다. 그리고 이 두 기업이 기후 위기를 부추긴다며 사사건건 소송을 거는 것도 프랑스인들이다.

뿐만 아니다. 프랑스는 의류 재고 소각 금지, 계획적 진부화

Planned Obsolescence 금지와 같이 '기업은 장사 어떻게 하라고?' 소리가 절로 나는 환경 정책을 시행하는 나라이기도 하다. 식품도 마찬가지다. 음식물 쓰레기 '처리'에 있어서 만큼은 우리나라가 가장 잘하고 있다지만, 음식물 쓰레기 '발생'을 억제하기 위해 가장 먼저 움직인 건 프랑스였다. 역시나 이번에도 기업 입장에서는 말도 안 되는 소리라고 할 법한 정책을 통해서였다.

> 판매되지 않은 식품을 고의로 식용 부적합하게 만들 수 없다.[32]
> 프랑스 <음식물 쓰레기 퇴치에 관한 법>, 2016년 2월 11일

한마디로 프랑스에서는 먹을 수 있는 음식을 버리는 것이 범죄다. 법안의 발의자는 전 농업식품산림부 장관이자 국회의원인 기욤 갸로Guillaume Garot였다.

"대형 마트들은 팔리지 않은 식품을 복지 기관에 의무적으로 기부해야 합니다. 간단히 말하자면, 매일 규칙적인 식사를 할 수 없는 사람들에게 이 식품들을 기부하도록 만든 겁니다."[33]

이 법에 의하면 면적 400m² 이상의 마트는 팔다 남은 음식을 버릴 수 없다. 이를 어길 경우 최대 7만 5,000유로의 벌금 또는 2년의 징역형에 처해진다. 프랑스 내 약 2,700개의 마트가 사유재산을 마음대로 폐기할 수 없게 된 것이다. 법이 시행됨에 따라 프랑스의 대형 마트들은 자선 단체와 정기 기부 계약을 맺었다.

팔리지 않은 샌드위치를 쓰레기통에 넣고 누가 가져가지 못하게 표백제를 부어버리는 짓을 더 이상 할 수 없게 된 것이다.

"프랑프리Franprix는 대형 식품 유통 기업입니다. 그래서 올바른 본보기가 되어야 한다고 생각해요. 우리가 음식을 적게 버릴 수 있는 시스템을 따른다면 소비자들도 음식을 덜 버리게 될 거예요."

프랑스의 슈퍼마켓 체인 프랑프리의 매니저 캬미으 씨는 다음 날이면 소비기한이 만료될 식품들을 진열장에서 찾아 바구니에 담고 있었다. 쓰레기통에 던져버리는 대신 매일 기부할 물건을 골라내고, 차곡차곡 담아뒀다가 트럭 운전사에게 건네는 것은 수고로운 일이다. 게다가 인건비가 비싼 유럽 아닌가? 그런 일에 시간과 노동력을 쓰느니 버리는 게 남는 장사일 것이다. 하지만 프랑스에서는 더 이상 그런 이유로 음식을 버리는 것이 정당화되지 않는다. 버려지는 멀쩡한 음식을 보고 느끼는 불편함이 다른 수고로움과 손실보다 크다는 사회적 합의에 이른 것일까? 이 법안은 의회에서 만장일치로 통과되었다.

기부 트럭이 도착한 푸드뱅크는 농산물 도매 시장처럼 활기가 넘쳤다. 기부가 의무화되면서 전에는 보기 힘들던 고기, 과일 등 신선식품 비중이 늘어났기 때문이다. 치즈, 요거트, 샐러드, 고기, 바게트, 잘 익은 레몬까지 푸드뱅크의 음식들은 덴마크의 쓰레기통에 담겨 있던 멀쩡한 음식들과 꼭 닮아 있었다. 내가 장을 볼 때도 몇 번을 고민할 만큼 비싼 신선식품들이었다. 저소득층을 위한 푸드뱅크를 운영하는 나라는 많지만, 기부 품목의 상당수가 보관이 쉬운 가공식품인 것과는 사뭇 달랐다.

파리의 여러 복지기관에서 나온 직원들은 신선한 과일과 채소를 상자째 싣고 있었다. 미혼모 지원 단체에서 온 리만 씨는 버리는 것보다 사람이 먹는 게 당연히 좋은 일이라며 이 법을 간단하고 또 분명하게 지지했다. 이 법의 시행으로 매년 쓰레기가 될 뻔한 4만 6,000톤의 식품이 먹을 것으로 바뀌었다. 파리 및 일드 프랑스 푸드뱅크Banque Alimentaire de Paris et d'Île-de-France의 회장 니콜 파로티Nicole Farlotti는 기부가 음식물 쓰레기 문제의 만병통치약이 될 수는 없지만, 이 법의 파급 효과에 주목해야 한다고 덧붙였다.

"음식에 표백제를 부어버리지 못하게 하면서, 이 법은 대형 마트들이 식품 낭비 문제에 관심을 갖게 만들었어요. 식품 기부는 식품 낭비를 막기 위한 방법 중 하나일 뿐이기 때문에 마트들은 낭비를 줄이는 다른 방법들도 찾기 시작했죠."

실제로 마트들은 음식을 강제로(?) 기부하기 전 어떻게든 팔아보기 위해 최선을 다하고 있었다. 그런 노력 중 하나가 '투 굿 투 고Too Good To Go' 어플리케이션이었다. 프랑프리의 매니저를 인터뷰하는 동안에도 여러 명의 고객이 계산대에서 휴대전화 화면을 보여주고 미리 준비된 음식 꾸러미를 받아 가고 있었다. 소비기한이 임박한 식품들을 묶어 파격 할인가로 어플리케이션에 올리면, 소비자들이 미리 결제하고 매장에서 수령해 가는 방식이었다. 2016년에 출시된 이 어플리케이션은 프랑스에서 꽤나 인기가 높아서 괜찮은 가게의 음식을 얻으려면 빠른 클릭이 필요하다고 했다. 놀라운 것은 참여 업체의 목록이었다. 약 3유로면 고급 브랜드 호텔의 조식 뷔페 빵을 종류별로 받을 수 있었다. 레스토랑의 초밥 2인분, 일주일은 거뜬할 마트의 신선 제품 꾸러미도 10유로를 넘기지 않았다. 앗, 이런 어플리케이션에 이름 올리는 순간 브랜드 가치가 떨어지는 것 아니었나? 우리나라에도 마감 세일 어플리케이션이 있지만 목록의 대부분은 편의점에서 폐기를 앞둔 가공식품들이었다. ESG 경영에 목소리를 높이는 호텔, 대기업 프랜차이즈 식당의 음식은 찾기 힘들었다. 그나마 할인율도 프랑스에 비하면 턱없이 낮았다.

'프랑스 미식'은 유네스코 문화유산으로 지정되어 있다. 인생을 음미하듯 음식을 즐기는 미식의 나라답게 좋은 음식에 대한 기준은 무척 높다. 그러나 최고의 맛을 추구하는 것이 그렇고 그런 음식을 함부로 버릴 핑계는 되지 못한 모양이다. 음식 낭비에 대한 불편한 마음이 터져나온 곳은 음식을 끔찍이 사랑하는 나라였다.

물론 기부가 무결한 해답은 아니다. 농업 보조금은 물론이고 식량의 배분과 구호에는 공적 자금이 투입된다. 인간은 먹지 않고는 생존할 수 없다는 분명한 사실 때문이다. 식품을 기부하는 기업이 세제 혜택을 받고 평판을 높이는 동안 잔뜩 만들고, 버리고, 기부하는 시스템을 유지하기 위해 우리는 십시일반 비용을 치르고 있다. 비영리단체 와이헝거WhyHunger의 수석 이사 앨리슨 코헨Alison Cohen은 식품을 기부하는 자선 활동이 식량 불안의 근본 원인을 해결하는 것이 아니라 오히려 이를 영속화한다고 지적한다.[34]

실제로 글로벌 기업의 대량 생산이 식량 문제의 해결책으로 떠오른 이래 식품 기부 규모는 꾸준히 늘어났다. 미국의 대표적인 푸드뱅크 네트워크인 피딩 아메리카Feeding America는 1979년 400만 파운드의 식품을 배분했는데, 2024년 배분량은 약 1,500배 증가한 59억 파운드였다.[35] 이용자가 급증한 미국의 푸드뱅크와 기업의 기부 행렬을 촬영해야 하나 한참을 고민했지만, 결국 그만뒀다. 비즈니스라는 명목으로 막대한 음식을 생산하고 버리는 것을 당연히 여기던 기업들이 스스로가 일부인 시스템은 그대로 둔 채 세상을 구하겠다며 영웅으로 나선 모습이 기이했기 때문이다. 그걸 차치하고서라도, 한파 속에서 끼니를 위해 긴 줄을 서야 하는 사회를 모범 사례로 제시할 수는 없었다. 푸드뱅크에 신선한 공짜 음식이 있다고 한들 기쁨에 겨워 줄을 서는 사람은 없을 것이다. 결국 계속 만들고 버리면서, 마음을 나누면 따뜻한 겨울을 보낼 수 있다는 메시지로 프로그램을 마치고 싶지는 않았다. 음식을 생산, 유통, 폐기하는 단계에서 발생되는 탄소가 전 세계 탄소 배출량의 3분의 1이나 된다니 세상이 좀 더 따뜻해지기는 하겠다만.

팬데믹과 전쟁으로 식품값의 폭등이 어쩔 수 없는 일로 여겨지던 2022년, 세계 5대 농산물 기업은 역대 최대 수익을 발표했다. 이 기업들(아처 대니얼스 미들랜드ADM, 벙기Bunge, 카길Cargill, 코프코COFCO, 루이 드레퓌스Louis Dreyfus)은 옥수수, 콩과 같은 세계 농산물 거래의 70~90%를 점유하고 있다.[36] 식품 기업들은 가격 인상이 물류 비용, 원자재 가격 등 비용의 상승을 반영할 뿐이라고 말했지만 그렇다기엔 남긴 것이 너무 많았다. 2022년에 이 기업들의 수익은 2016년부터 2020년까지의 기간에 비해 3배 증가했다. 그 결과 팬데믹 기간, 식품업계에서만 62명이 새롭게 억만장자의 대열에 합류했다.[37]

또한 다국적 기업들은 종자, 비료, 살충제, 도살장, 창고, 마트에 이르기까지 식품 공급망 전체를 장악했다. 고기, 팜유, 초콜릿을 대량 생산하기 위해 화학 비료에 의존하는 단일 재배 농장이 늘어갈 때 큰 이익을 얻는 소수의 사람들이 있다. 이들이 개발도상국의 부패한 정부와 함께 지역의 생태계를 갈아엎고 단일 작물을 심고 나면, 토양의 영양분은 고갈되어 재해에 취약한 상태가 되고 만다. 그렇게 지난 100년간, 전 세계 작물 품종의 75%가 사라졌다.[38] 기후 변화가 잡초, 해충, 유해 조류의 번식을 유발하는 것을 고려할 때, 이에 매우 취약한 단일 품종 재배는 식량 위기를 더욱 심화시킬 것이다.

 오늘날 음식은 누가 먹든 말든, 버리든 말든 최대의 이익을 내면 되는 상품이 되었다. 머잖아 포집 기술만 개발되면, 햇빛과 공기에도 값을 매겨 주문을 받았다가 운송료가 안 나올 것 같으면 버리는 세상이 곧 올 것만 같다.

 인류는 그 어느 때보다 많은 식량을 생산하고 있고, 그 양은 증가하는 인구를 모두 먹이기에 충분하다. 지구에는 식량이 부족하지만, 그래도 버리는 건 어쩔 수 없으며 모든 환경 문제의 주범은 개발도상국의 인구 폭증 때문이라는 허술한 논리에 더 이상 속아주고 싶지 않다. 그러거나 말거나 오늘도 아파트 엘리베이터의 화면에는 '잔반은 줄이고 음식물 분리배출 철저히 하기'를 강조하는 캠페인이 흘러나온다. 죄책감은 몇 개 남은 치킨 무를 버리는 내 몫이었다.

맨 앞에 있는
우유를 집어주세요

"초신선한 게 정말 좋기는 한 걸까?"

"오늘 낳아서 오늘만 판매하는 계란."
"오늘 새벽에 잡은 활전복, 오늘 못 팔면 폐기합니다."

사회적 거리두기에 새벽 배송 확대로 마트에 발걸음이 뜸해지던 코시국, 유통업계는 '초신선' 마케팅을 돌파구로 삼았다. 식품 유통에 속도가 생명이라는 건 상식이지만 이제는 규정대로 신선함을 지켜내는 것으로는 부족한 듯했다. 갓 생산한 식품일수록 더 뛰어나다는 전제하에 낙오자들은 쓰레기통으로 던져 버려야만 했다. 달걀, 돼지고기, 심지어 대파까지 오늘 팔지 못하면 전량 폐기한다는 홍보 문구에서는 비장함마저 느껴졌다. 그런데 일찍 일어나서 제일 싱싱한 걸 먹고야 말겠다는 수요가 정말 있을까? 마트 직원의 팩트 체크가 필요했다.

"문 여는 시간에 딱 맞춰서 장 보러 오시는 분들이 계세요. 그런 분들은 사과를 하나 사도 꼭 물어보세요. 이거 오늘 아침에 새로 들어온 거냐고."

일찍 일어나는 새가 (신선한) 벌레를 잡는다는 말이 맞았다. 대형 마트는 직접 매장을 찾는 고객들의 시간과 정성에 대한 적절한 보상을 찾은 듯했다. 가장 신선한 먹거리를 원한다면, 가족의 건강을 위해서라면 마트에 와서 오늘 갓 도축한 신선한 고기를 사세요! 신문 경제면에서는 유통업계가 '그로서리grocery 혁신'으로 승부수를 띄웠다며 차별화 전략에 응원을 보냈다. 신선한 음식을 마다할 사람이 어디 있을까? 나부터도 편의점에 가면 맨 뒷줄의 우유를 꺼내는 걸.

하지만 다 마시기도 전에 유통기한이 지나 우유를 버리게 될까 진열대를 뒤적이는 소비자와 멀쩡한 음식을 버리는 방침을 혁신으로 내세우는 기업을 같은 눈으로 바라볼 수는 없었다. 신선한 게 좋다고 했지, 신선한 순서대로 줄 세워서 뒤에서부터 불을 질러달라고 했나? '뭐든 적당히'가 지구를 구할 거라 생각하는 나는 궁금해졌다. '초'신선한 게 정말 좋기는 한 걸까?

식품업계를 잘 알면서도 작금의 '초신선만 남고 다 가라' 세태를 솔직하게 진단해 줄 전문가가 필요했다. 하지만 기업과 진행하는 프로젝트와 연구비에서 자유로울 수 없는 많은 분들이 난색을 표했다. 그러던 중 한국농어민신문에서 초신선 마케팅에 의문을 제기하는 귀한 칼럼을 발견했고,[39] 저자인 중앙대학교 생명자원공학부 허선진 교수님의 도움으로 '맛과 냄새로 생산 날짜가 다른 음식들을 구분할 수 있을까?'라는 주제의 실험을 하게 되었다.

달걀, 식빵, 우유, 크림 빵, 포장 두부, 쇠고기, 돼지고기, 마시는 요거트, 떠 먹는 요거트가 테이블 위에 놓였다. 우리는 각각의 식품을 생산 직후 갓 유통된 것과 오늘로 유통기한이 만료되는 것 두 종류로 준비했다.

식품으로 블라인드 테스트를 진행하는 것은 생각보다 간단하지 않았다. 전문 용어로 '관능 검사'(사람의 오감에 의하여 식료품, 향료, 주류 따위의 품질을 평가하는 일)라 불리는 실험은 참가자의 미각, 후각이 피로해지거나 오염되는 상황을 차단하는 게 관건이었다. 배가 불러서 점수를 박하게 주는 경우도 막아야 했기에, 모든 시식은 동일한 투명 용기에 담긴 식품을 이쑤시개로 한입 맛보는 방식으로 진행되었고, 맛을 본 뒤에는 매번 입을 헹궈내도록 했다.

'특정 브랜드 제품은 며칠만 지나도 맛이 확 다르던데?'라는 의견도 고려해 각 식품은 시중 마트에 흔히 유통되는 3개 브랜드의 제품을 준비했다. 9개 종류의 식품에 3개의 브랜드, 거기에 유통기한이 임박한 것과 한참 남은 것의 두 그룹으로 나누었으니 한 입씩 54개의 맛을 봐야 하는 극한 실험이었다. 10명의 참가자들에게는 시식 식품에 대한 어떤 정보도 주지 않고 우유 A, B, C, D, E, F의 맛과 냄새를 평가해 각 제품의 선호도를 10점 만점으로 표기하게 했다.

신선한 고기는 씹는 맛부터 다르고, 유통기한이 지난 식빵은 딱 봐도 푸석푸석하다던 참가자들은 민망한 듯 웃었다. 6개의 표본 사이에 차이를 느끼기가 힘들어 점수를 매기는 게 별로 의미 없었다는 고백이 이어졌다.

"제가 예민하다고 생각하는 편인데 놀라울 정도로 차이를 전혀 모르겠더라고요. 유제품은 유통기한이 되게 중요하다고 들어서 항상 유통기한이 많이 남은 걸 샀거든요."

"고기야말로 제가 진짜 차이를 거의 못 느꼈던 식품 중 하나였어요. 하루이틀 지난다고 그렇게 겁을 내거나 버릴 필요가 없겠더라고요."

참가자 10명의 점수를 분석한 결과, 유통기한에 따라 유의미한 점수 차이를 보인 식품은 단 하나도 없었다. 9개 품목 모두 오차 범위 내의 차이를 보였을 뿐만 아니라, 유통기한이 당일로 만료되는 식품의 점수가 오히려 높은 경우가 절반에 달했다.

맛이 괜찮다고 먹었다가 탈 나면 어떡하냐고? 그러실까 봐 3주 동안 식품 안전성 실험도 진행했다. 갓 생산되어 마트에 들어온 식품들을 냉장고에 넣고 인체에 유해한 균, 산도의 변화가 생기는 시점을 알아본 것이다. 실험 결과 달걀은 유통기한보다 20일, 포장 두부는 7일, 우유는 7일, 요거트는 7일, 상온 보관이 원칙인 식빵과 크림 빵은 2일이 지날 때까지 대장균, 황색포도상구균, 리스테리아균, 살모넬라균, 효모, 곰팡이, 유산균, pH 검사에서 당일 생산 식품과 차이를 보이지 않았다. '당일 도축'을 내세운 초신선 마케팅의 인기 품목인 쇠고기와 돼지고기는 포장 후 14일까지 균의 생성에 차이가 없었다.

맛도, 냄새도, 몸에도 다른 게 없으니 내가 달라질 차례였다. 마트에 가면 맨 앞줄의 우유를 집어 오기 시작했다. 유통기한보다 긴 소비기한을 도입한다는 뉴스에 '재고 떨이 하려고 수작 부리네' 하던 삐딱한 내 마음을 바꿨으니 시청자들도 설득할 수 있을 것 같았다.

슬프게도 필요 이상의 신선함을 추구하는 것은 반짝 유행이 아니다. 신선도를 향한 경쟁은 식품업계의 오랜 관행이다. 한 식품 대기업은 유통기한이 임박해 마트에 납품할 수 없는 냉동식품을 청년센터에 기부하고 있었다. '버릴 걸 기부해서 폐기 비용을 아끼려는 거겠지' 하며 이번에도 삐딱한 눈으로 냉동 만두의 유통기한을 살펴봤다. 그런데 이상했다. 어, 이거 잘못 들어온 거 아니야? 박스째 들어온 제품들의 유통기한은 죄다 3개월 이상, 어떤 것은 6개월이 남아 있었다.

"유통기한이 150일 미만으로 내려가면 A급 유통업체들은 받기를 주저하는 경우가 많아요. 가장 신선한 제품을 받으려는 소매업계의 관행 같은 건데, 그러다 보니까 이런 것들이 유통 과정에서 제외되는 거죠. 기부하고 그래도 안 되면 폐기하죠."

유통기한 때문에 폐기되는 식품으로 인해 발생하는 비용은 우리나라에서만 연간 1조 5,400억 원에 달한다.[40] 식품업계는 먹을 수 있는 음식을 폐기 처리하는 데만 매년 5,000억 원이 넘는 돈을 쓴다. 이러한 비용은 소비자가 치를 식품 가격에 고스란히 반영된다.

음식물을 다른 쓰레기와 함께 섞어 매립해 버리는 미국을 보며 "큰 나라는 땅덩이가 넓어서 괜찮다" 하는 분들께도 뉴욕 스튜벤 카운티Steuben County 매립지 관리자의 입을 빌려 드릴 말씀이 있다.

"음식물 쓰레기는 유기물로, 매립지에 묻히면 썩기 시작합니다. 부패 과정에서 온실가스를 배출하고요. 더 많은 음식물 쓰레기가 들어올수록 더 많은 온실가스가 배출되죠."[41]

음식물이 부패할 때 뿜어나오는 메탄은 이산화탄소보다 80배 강한 온실 효과를 갖는 것으로 알려져 있다.[42] 그 결과 잦아지고 강해지는 가뭄, 홍수에 말 그대로 굶주리게 되는 사람들은 대부분 동남아시아, 아프리카에 산다. 음식물 쓰레기는 미국의 땅에 묻히지만, 대기에는 국경이 없다.

관능검사를 위해 중앙대학교와 KBS를 오가던 겨울, 케냐 북부에는 벌써 2년째 우기에 비가 내리지 않고 있었다. 기록적인 가뭄이 지속되자 물과 풀을 찾지 못한 동물들이 쓰러져 갔다. 드론을 띄워서 본 메마른 주황색 땅, 그 위에 찍힌 수백 개의 하얀 점은 굶어죽은 염소떼의 사체였다. 기후 변화로 인한 기근으로 몇 년 새 부쩍 언론에 자주 나오는 케냐 북부는 원래 황량한 땅이 아니었다. 우기에 맞춰 가축들을 몰고 다니던 사람들에게는 한 해의 계획이 있었다. 하지만 전 재산이던 염소가 떼죽음을 당한 뒤, 자급자족하던 땅은 희망 없는 불모지로 변하고 말았다.

촬영에 응한 유목민 가족은 어린아이가 셋이었는데, 영상은 음소거를 한 것처럼 조용했다. 덜 익은 대추를 닮은 로마loma 열매 대여섯 개로 하루를 버티는 아이들은 그저 가만히 앉아 있을 뿐이었다. 그해 가뭄으로 아프리카의 뿔 지역에서만 1,800만 명의 사람들이 심각한 기아에 직면했다.[43] 세계로 범위를 넓히면 굶주리는 인구는 8억 명에 이른다.[44] 부유한 나라는 음식을 너무 버리고, 가난한 나라는 점점 더 음식을 구하기 어려워지는 악순환이 반복되고 있다. 더 많은 음식을 버릴수록 더 많은 사람이 굶주리게 된다.

우리와의 인터뷰에서 미국 하버드대학교 식품법정책클리닉의 에밀리 브로드 레이브Emily Broad Leib 교수는 다름 아닌 '날짜 표기'를 음식물 쓰레기 증가의 가장 큰 요인으로 꼽았다. 유통기한을 확인하지 않는다는 그녀는 날짜가 아닌 자신의 후각과 미각을 믿으라고 조언했다. 미각이 둔감한 나는 그녀를 완전히 따라 할 수는 없겠지만, 음식의 섭취 기간을 약 20% 늘릴 것으로 예상되는 소비기한 도입을 두 팔 벌려 환영하기로 했다.

요즘 나는 마트의 알뜰 매대에서 30% 할인 스티커가 붙은 과일들을 장바구니에 담는다. 내가 너 구해줄게. 쓰레기통 말고 내 배로 가자.

덴마크 코펜하겐에서 슈퍼마켓의 쓰레기통을 뒤지는 '쓰레기 수확자' 매트 홈우드.

덴마크 슈퍼마켓의 쓰레기통에서 발견된 멀쩡한 음식들.

하룻밤 사이 쓰레기통에서 찾은 음식들로 거실을 꽉 채울 정도다.

친환경 수도 코펜하겐의 자랑, 아마게르 바케 소각장.
슈퍼마켓 쓰레기통의 음식들이 이곳으로 향한다.

세계 최대의 열대우림 인도네시아 칼리만탄.
오른쪽은 서로 다른 나무들이 어우러진 본래 숲의 모습이고,
왼쪽은 개간 후 인위적으로 조성된 팜나무 농장이다.

이상 기후로 기근이 닥친 케냐 북부.
유목민 가족들은 이 열매 대여섯 개로 하루를 버틴다.

KBS 〈환경스페셜 – 먹다 버릴 지구는 없다〉

4장

아이를 위한
지구는 없다

다뉴브 삼각주에서 카메라가 고장 나면

"이 모델은 수리가 불가능합니다."

루마니아의 여름은 무척 더웠다. 〈걸어서 세계 속으로〉 촬영을 위해 머문 2주 동안 낮 최고 기온은 38℃에서 43℃를 오갔다. 바르셀로나의 햇살에 대구의 습기를 더한 듯한 다뉴브 삼각주에서는 가만히 앉아 있어도 현기증이 났다. 이상 고온으로 생태보호구역 투어도 취소된 어느 오후, 배를 타고 펠리컨 무리를 찍던 중에 카메라가 꺼져버렸다. 40℃가 넘는 땡볕에 전원이 뻗은 것이다. 공식 수리 센터가 있는 가장 가까운 곳은 350km 떨어진 수도 부쿠레슈티Bucharest. 우리는 차로 곧장 4시간을 달려 문 닫기 직전의 수리 센터에 도착했다. 직원은 먹통이 된 카메라

버튼을 이리저리 눌러보았다. 그러더니 수리에 2주가 걸릴 테니 두고 가라며 무심히 접수 서류를 건넸다. 그 자리에서 얼어붙은 나를 본 현지인 통역가는 내 팔을 끌어 가게의 구석으로 갔다.

"그냥 사요."
"새 카메라를요? 1,500유로가 넘는데?"
"촬영 마치고 출국할 때 반품하면 되죠."
"쓰던 걸 어떻게 반품해요?"
"유럽에서는 구입 후 30일 내에는 반품이 돼요. 써보니까 생각한 거랑 달랐다고 하면 다 환불해 줘요. 수리하면 수리비가 드는데 이건 돈도 안 들잖아요."

역시 소비자의 권리가 높은 유럽이군! 순간 감탄했지만 통역가의 조언을 실천에 옮기기엔 영 마음이 편치 않았다. 써보니 안 좋은 것도 아니고, 처음부터 환불을 계획하고 물건을 산다? 수리를 맡기러 온 걸 직원이 뻔히 봤는데, 새 카메라를 사고 일주일 뒤에 "써보니 마음에 안 들어서요" 하며 실망한 표정을 연기할 생각만으로도 벌써 배가 아파왔다.

가게를 나선 우리는 수소문 끝에 사설 수리업체를 찾았다. 그리고 10분 만에 수리가 끝났다. 충전할 필요도 없이 카메라는 일몰 타임랩스까지 거뜬히 찍어냈다. 오후 내내 발을 동동 구르다가 배불리 저녁을 먹고 나자 뒤늦게 화가 났다. 첫째, 카메라 주인이 그렇게 급하다는데 제품을 열어서 꼼꼼히 살펴보지도 않은 공식 수리 센터에 화가 났다. 둘째, 다뉴브 삼각주 지역에도 카메라를 파는 공식 대리점은 많은데 공식 수리 센터는 350km 떨어져 있다는 데 화가 났다. 새로 사는 것도, 반품도 쉬운데 있는 물건을 고쳐 쓰는 난이도는 극상이었다.

루마니아에서의 일이 해프닝으로 잊혀 가던 즈음이었다. 깊은 새벽, 천장이 뚫리는 듯한 굉음에 잠에서 깼다. 공포와 당혹감 속에 소리의 출처를 찾아 헤매다가 설마 하고 욕실 문을 열었다. 세면대 위, 사탄 인형처럼 혼자서 돌아다니고 있는 건 내 전동 칫솔이었다. 무슨 일인지 며칠 뒤 남편의 전동 칫솔도 진동이 약해지더니 전원이 켜지지 않았다. 산 지 1년도 지나지 않은 데다가 칫솔 가격은 하나에 무려 15만 원. 네이버에 제품 이름을 검색하니 블로그에 이미 고장, 수리 후기가 여럿 올라와 있었다. 그런데 험한 내용의 글은 하나도 없었다. 언뜻 보면 당첨 후기로 보이는 고장 후기들은 감사 일색이었다.

"구입한 지 2년이 안 됐다는 것만 확인되면 바로 새 제품으로 교환해 주더라고요."

"산 지 얼마 되지도 않았는데!"라며 분노로 시작한 글들은 모두 꽉 닫힌 해피 엔딩이었다. 나도 인간인지라 순간 입꼬리가 올라갔다. 얼마 뒤 공식 수리 센터를 방문해 "이게 갑자기 혼자 켜지더니…"라고 운을 떼자 말을 맺기도 전에 무료 교환 대상이라는 대답이 돌아왔다. 수리 센터 직원은 고장 난 칫솔을 열어보지도 않았다. 책상 뒤에는 비닐 포장된 새 칫솔의 본체가 가득 쌓여 있었다. 이런 고장이 아주 흔하고, 제조업체가 그 사실을 잘 알고 있는 게 분명했다. 그러나 나의 교환 시도는 반쯤 열린 결말이었다. 쇼핑 어플리케이션에서 구입 내역을 찾은 내 칫솔은 무료로 교환 받을 수 있었지만, 백화점에서 산 남편의 칫솔은 영수증이 없다는 이유로 교환이 불가했던 것이다. (요즘 누가 그런 걸 보관하나요?)

"그럼 이건 수리를 맡길게요."
"이 모델은 내부 수리가 불가능합니다."
"수리가 안 돼요? 그럼 새로 사야 하나요?"
직원은 그런 말은 천 번도 넘게 들었다는 듯 비닐 포장된 칫솔을 내밀며 말했다.
"본체만 따로 사실 수 있고요. 가격은 8만 3,000원입니다."
새로 사는 가격의 반값이었다. 꽤나 큰 돈이지만 여기서 쿨하게 돌아선다면 비슷한 전동 칫솔을 그 가격에 살 방법은 없었다.
"이건 진동이 약해지다가 멈췄는데 배터리 문제 아닐까요?"
"이 모델은 수리는 안 되고 교환만 됩니다."

8만 3,000원에 새 칫솔 2개를 얻어 나오는 길, 이 기묘함이 낮설지 않았다. 반품은 권리이나 수리는 권리가 아니었던 루마니아의 여름이 떠올랐다. 제품을 수리받을 권리를 (조건부) 묻지 마 교환으로 퉁치는 칫솔 회사, 여기에 '역시 서비스는 대기업'이라며 호응하는 소비자들.

칫솔을 고칠 줄 모르는 회사가 만들기는 어떻게 만들었을까? 나는 칫솔을 고치고 싶었을 뿐인데 왜 부러진 곳 하나 없는 칫솔을 반납하고 새 칫솔을 황송하게 받아 와야 하는 걸까? 칫솔에 들어가는 플라스틱, 광물을 생산하느라 또 어디선가 땅은 파헤쳐지고 발전소가 돌아가고 있을 텐데, 이게 누구를 위한 공짜일까? 분명한 건 바지 지퍼보다 잘 고장 나는 전자 제품을 만든 기업이 칭찬받고 있는 기묘한 현실이었다. 이상했다. 못 고치는, 아니 안 고칠 물건을 이렇게 자꾸 찍어내도 되는 걸까?

전 세계 전자 폐기물 발생량은 연간 6,200만 톤에 달한다.[1] 이 중에서 적절하게 재활용된 것은 22.3%이고, 약 80%의 버려진 전자 제품은 지구 어디에선가 물과 흙을 중금속으로 오염시키고 있다. 2010년과 비교하면 2022년의 전자 폐기물 양은 3,400만 톤에서 6,200만 톤으로 거의 2배 증가했는데, 그동안 재활용 비율도 증가하기는 했다. 문제는 우리가 재활용을 늘려가는 속도보다 5배 빠르게 쓰레기를 늘려가고 있다는 것이다.

특히 전동 칫솔과 같은 소형 전자 제품은 겨우 12%만이 재활용된다. 어차피 재활용될 테니 잘 버리면 된다는 믿음은 이번에도 틀렸다.

이 책의 원고를 묵히는 사이, 묻지마 교환을 받아온 칫솔 중 하나가 또 고장 났다. 진동은 약해지고 소리만 커졌으니 2년 전과는 다른 증상이었으나, 이번에도 "이 모델은 내부 수리가 불가능…"으로 시작하는 처방은 똑같았다. 공식 수리 센터의 직원은 못 본 새 그 대사를 수천 번 더 읊은 듯했다. 다 알고 왔을 테니 어서 볼일을 끝내자는 눈치였다. 그새 교환 비용은 만 원이 올랐다. 바뀐 건 또 있었다.

"이거 어디서 사셨어요?"

"여기서 돈 내고 교환한 거예요. 2년 조금 안 됐을…"

"교환한 제품은 6개월만 보증해 드립니다. 결제할까요?"

수리 카페repair cafe를 찾아야 할 때가 왔다. 한국인 한 명이 평생 사용하고 버리는 전자 제품은 230대에 달한다.[2] 100세 시대에 계속 이렇게 살다 죽을 수는 없는 노릇이다.

아이를 위한
지구는 없다

"카스는 꿈이 뭐예요?"

야트막한 언덕 위에 웅크린 아이들이 있었다. 미끄러지고 넘어지기를 수차례, 나는 네 발로 기어 겨우 아이들 곁에 섰다. 신발창 아래 날카로운 금속과 뾰죽뾰죽한 플라스틱 조각이 느껴졌다. 플립플롭을 신은 아이들은 부풀어오른 배터리, 부서진 모니터와 에어컨, 녹이 슨 장난감 기타 위를 걸어 다니며 값나가는 쇠붙이를 찾기에 여념이 없었다. 그날 나이지리아 라고스Lagos에는 아침부터 비가 내렸다. 깨진 모니터를 집어 드니 '감전의 위험이 있으므로 제품의 커버를 열지 마십시오'라는 한글 문구가 선명히 보였다. 선풍기에서 젖은 모터를 뜯어내고 있던 사기르는 열세 살이었다. 아이의 다리에는 날카로운 것에 베인 듯한 상처가 벌어져 있었다. 장갑이라도 끼면 안 되냐는 통역가의 걱정 어린 질문에 사기르는 답했다.

"장갑을 구할 형편이 안 돼요. 저는 학교도 못 가요. 이 일을 해서 스스로 생계를 꾸리고 있어요."

아이들을 만난 곳은 나이지리아 라고스의 알라바 시장 근처였다. 매년 약 6만 톤의 중고 전자 제품이 선진국을 떠나 이곳으로 향한다.³ 도착한 제품의 상당수는 이미 고장 난 것들이었다. 시장 골목마다 깨진 TV와 냉장고가 쌓여 있었다. 고칠 수 없거나 팔리지 않은 물건들은 결국 버려졌다. 옷이 그랬듯 중고 시장 옆에 모니터 무덤과 쓰레기 마을이 생기는 것은 어쩌면 당연한 일이었다. 옷과 다른 점이 있다면, 전자 제품은 버려져도 돈이 될 만한 구석이 제법 있었다. 그래서 더욱 곱게 사라질 수 없었다.

손톱만 한 철을 자루 가득 모아야 그날 저녁을 먹을 수 있는 아이들이 그곳에 모였다. 제법 큰 아이들이 돈이 되는 것들을 뜯어내고 떠나면 꼬마들의 차례였다. 동그랗게 모여 앉은 아이들은 라이터로 전선 더미와 부품 조각에 불을 붙이고 단풍잎만 한 손으로 불씨를 감쌌다. 몇 번의 시도 끝에 불이 붙자 아이들의 표정이 밝아졌다. 그러더니 금세 시커먼 연기가 아이들의 몸을 집어삼킬 듯 피어올랐다. 아홉 살 살리수는 긴 꼬챙이로 전선 더미를 휘저어서 불이 더 잘 타오르게 했다. 짙은 연기에 얼굴을 찌푸리면서도 아이는 자리를 떠나지 못했다. 전자 제품을 소각하면 납, 카드뮴과 같은 중금속, 다환 방향족 탄화수소PAH, 다이옥신 등의 발암물질이 배출되어 호흡기와 면역체계를 손상시키고 만성 질환을 유발한다.[4] 특히 성장 중인 어린이들은 독성 물질에 신체가 매우 민감하게 반응하여 더욱 치명적인 피해를 입는다.[5] 하지만 불이 뜨거우니 가까이 가지 말라고, 연기가 해로우니 물러서라고 아이들을 걱정해 주는 어른들은 없었다.

타버린 전선의 열기가 식기도 전에 아이들은 맨손으로 쇠붙이를 골라내기 시작했다. 그곳에서 아이의 하루는 자루에 모은 쇠붙이의 무게로 평가받았다. 20명 남짓한 아이들은 여섯 살부터 열다섯 살까지 나이가 제각각이었는데, 공통점이 있다면 누구도 읽고 쓸 줄을 몰랐다. 하지만 모두가 구리, 철, 알루미늄, 아연의 시세는 줄줄 외웠다. 학교에 가본 적이 없는 아홉 살 살리수에게 부러진 자석 조각은 남보다 먼저 철 조각을 모으기 위한 작업 도구일 뿐이었다.

한 달 전 경기도 고양시, 그날도 비가 내렸다. 공터 가득 줄지어 놓인 TV, 노트북, 에어컨은 덮개 하나 없이 그대로 비를 맞고 있었다. 이 고장 난 전자 제품들을 40톤 컨테이너에 차곡차곡

넣던 수출업자는 물건들의 목적지가 나이지리아라고 알려주었다. 그는 제품이 작동하는지는 전혀 확인하지 않는다고 했다. 어차피 나이지리아에서는 부품을 분리해 팔기 때문에 고장이 나도 상관없다는 이유에서였다. 뭐든 다 팔기 위해서는 뭐든 다 뜯어내야 했다. 그리고 거기에 아이들이 있었다. 그러나 전자 제품의 죽음만큼이나 끔찍한 것은 전자 제품의 탄생이었다.

건기의 한복판, 볕은 온화하고 바람은 서늘했다. 그러나 거리를 거닐 수도, 차창을 내릴 수도 없었다. 숙소를 나설 때마다 방진 마스크와 보안경을 썼지만 콧속이 따갑고 안구가 마른 느낌이 가시지 않았다. 입에서는 모래인지 무엇인지 알 수 없는 알갱이가 자꾸 씹혔다. 한국의 미세 먼지가 짜증 섞인 불평의 대상이라면, 이곳의 대기는 사람을 옴짝달싹 못 하게 짓눌렀다.

광산에서 나오는 커다란 트럭들이 오갈 때마다 주황빛 먼지는 거리의 모든 것을 감춰버렸다. 촬영 감독은 카메라의 뷰파인더를 연신 닦아보았지만 소용이 없었다. 양방향으로 트럭이 지나갈 때면 바로 앞의 육교가 시야에서 사라져 버릴 정도였으니까. 눈앞에는 수백 명의 사람들이 허리를 굽혀 땅을 파고 돌을 깨고 있었다. 그 사이에서 자기 몸보다 큰 자루를 끄는 아이들을 찾기는 어렵지 않았다. 아이들의 눈은 하나같이 빨갛게 충혈되어 있었다. 우리가 서 있는 곳은 콩고민주공화국의 콜웨지Kolwezi,

전 세계 전자 제품 배터리의 원료가 채취되는 광산 도시였다. 손에 든 스마트폰 깊숙한 어딘가에 저 아이들의 시간이 들어 있다고 생각하니 눈앞의 광경이 더욱 비현실적으로 느껴졌다.

"영화 〈듄Dune〉의 사막 행성 같지 않아요? 모래 폭풍이 막 부는."

촬영 감독은 평소와 달리 좀처럼 말이 없었다.

"선배, 우리가 보고 있는 게 그냥 SF 영화 같아요. 꼬맹이들이 저 큰 자루를 어떻게 옮겨요?"

드론을 띄워보니 사람 수만큼의 구멍 수백 개가 보였다.

"이렇게 보면 큰 연탄 같기도 하고…."

기분을 풀어주려 건넨 말은 이번에도 소용이 없었다. 맨손으로 돌을 깨는 사람들을 보던 촬영 감독은 석기 시대에도 아이들이 이렇게 일하지 않았을 거라며 괴로워했다. 그때 우리는 알았다. 적당히 찍고 그럭저럭 분량을 채워 뿌듯하게 돌아갈 수 없는 출장을 와버렸다는 걸.

아이들이 캐고 있는 건 '코발트Cobalt'였다. 코발트는 독성이 있는 중금속인 동시에 무선 IT 기술의 혈액이기도 하다. 스마트폰, 노트북, 무선 이어폰, 무선 청소기에서 전기 자동차까지 선 없이 움직이는 거의 모든 전자 기기에 들어가는 충전식 리튬 배터리는 코발트 없이 만들 수 없다. 리튬 배터리에 리튬보다 더 많이 들어가는, 디지털 시대의 원유라 불리는 코발트는 세계 생산량의 약 70%가 콩고민주공화국에서 나온다.[6] 콜웨지의 바닥에 뚫린 셀 수 없는 구멍과 짙은 연기는 이 때문이다.

드론을 높이 띄우면 야구장만 한 커다란 구덩이들이 도시 곳곳에 보였는데, 모두 해외 자본에 의해 개발된 코발트 광산이었다. 높은 벽에 둘러싸인 그곳은 덤프트럭, 불도저와 같은 중장비만이 정해진 출입구로 드나들 수 있었다. 그리고 그런 대형 광산 옆에는 항상 '장인 광산Artisanal mine'이라 불리는 기묘한 공간이 생겨났다. 사람만 빽빽한 장인 광산에는 굴착기도, 드릴도 없었다. 모두가 삽, 문구용 망치 같은 것들로 땅을 파내고 있었다.

콩고민주공화국 코발트의 20%가 이처럼 아무런 장비도, 안전 규정도 없는 장인 광산에서 생산된다.[7] 이 장인 광산의 채굴량만으로도 세계 2위를 차지할 만큼 많은 양이다. 밥값을 벌기 위해 스스로 일해야 하는 아이들이 이곳으로 왔다. 아이들은 보호 장비도 없이 땅굴을 파고 들어가 코발트를 캐고, 조그마한 등 위에 자루를 얹은 채 땅만 보고 걸었다. 세계의 전자 제품을 충전하는 건 중금속 먼지를 뒤집어쓴 꼬마들이었다. 망치를 휘두를 때마다 쌕쌕이는 숨소리, 몸만 한 자루를 당길 때 떨리는 작은 어깨를 보니 알 수 있었다. 우리가 무엇을 빼서 무엇을 채우고 있는지.

사실 코발트 광산의 아동 노동 문제가 세계에 알려진 건 10년이 넘었다. 그래서 출장을 준비하면서도 취재 자체에 별 어려움은 없을 거라 생각했다. 파악된 아동 노동자 수만 4만여 명,[8] 게다가 코발트 장인 광산은 사유지가 아닌 야외 공간이라 여타의 아동 노동 현장보다 접근이 훨씬 쉬웠다. 현지인 통역가도 걱정할 필요가 없다며 100달러 지폐만 넉넉히 챙겨 오라고 당부했다.

하지만 현실은 달랐다. 두둑이 챙겨간 100달러 지폐는 줄어가는데, 한 컷도 제대로 찍지 못한 채 시간은 흘렀다. '피 묻은 코발트Blood Cobalt'라는 오명을 익히 알고 있는 지역 당국은 해외 투자가 줄어들 것을 우려해 아동 노동 금지가 아닌, 아동 노동 '촬영' 금지 정책을 펼치고 있었다. 한 달이 걸려 받은 콩고민주공화국 정부의 촬영 허가서도 소용이 없었다. 카메라가 아이들 쪽을 조금만 향해도 관리인은 고함을 질렀다. 그 소리에 아이들은 땅굴 속으로, 풀숲 뒤로 쏜살같이 사라졌다. 재빨리 숨지 못한 아이들은 얻어맞았다. 그마저라도 찍어보려 촬영 감독에게 눈짓을 하고, 또 놓치고, 고함이 들려오는 사이 마음이 무너져갔다. 대단한 현장을 찍고 있다는 설렘 같은 것은 하나도 없었다. 차라리 아이들이 '편하게' 일하도록 내버려두는 게 옳은 일일까? 더 나은 판단이라는 것은 그곳에 존재하지 않았다.

멀리 물러선 채 렌즈의 줌을 당겨 아이들을 찾던 우리는 얼마 못 가 관리인에게 붙들렸다. 통역가는 사무실로 끌려갔고, 촬영 감독과 나는 카메라를 모두 짐칸에 넣고 차 안에서 대기하라는 지시를 따라야 했다. 그렇게 3시간쯤 지났을까? 깊은 절망감 속에 멍한 기분이 들던 그때, 누군가 차창을 두드렸다. 통역가였다.

"킴, 250달러 있어요? 트렁크 열지 말고 지금 가진 장비만 챙겨서 조용히 나와요."

불행인지 다행인지 오후 담당 관리인은 우리가 가져온 돈에 관심을 보였다. 250달러를 따로 챙긴 그는 사무실에서 나오지 않았다. 그날 우리는 모린과 카스를 만났다.

둘은 남매였다. 누나인 모린이 열세 살, 남동생인 카스가 열한 살. 아이들을 담벼락처럼 둘러싸고 있는 건 어깨 높이의 자루 수십 개였다. 어른들이 코발트가 섞인 흙을 자루에 담아 남매에게 가져오면, 잡돌을 골라 버리고 코발트 알갱이만 씻어 다시 자루에 담는 게 남매의 일이었다. 아이들이 맨손으로 만지고 맨발로 딛고 있는 모든 것은 중금속으로 오염되어 있었다.

그렇게 찾아 헤맨 아이들인데, 촬영은 오래 걸리지 않았다. 남매의 일이 너무 단순했기 때문이다. 그래서 더욱 잔인했다. 해 뜰 무렵 광산에 도착한 남매는 종일 거름망에 흙을 쏟아붓고, 버려진 페트병을 도구 삼아 흙을 평평하게 고르고, 흙이 담긴 거름망을 물에 적셔 흔들어 씻고, 굵은 모래와 돌을 골라내고, 남은 코발트만 다시 자루에 담는 일을 반복했다. 아이들은 코발트 자루가 만든 감옥에서 벗어날 수 없었다. 거름망을 펼쳐 잡고 천 번을 넘게 흔들면 오늘이 가고, 또 오늘 같은 내일이 올 뿐이었다.

종일 마주 보고 선 남매는 서로를 쳐다보지 않았다. 짜증을 내지도, 농담을 건네지도 않았다. 몸만 한 자루를 끌 때도, 다 갈라진 손으로 자갈을 골라낼 때도 아이들의 얼굴에는 표정이 없었다. 열한 살, 열세 살 아이들에게 그건 너무 버거운 일이었다. 하지만 지루하고, 아프고, 무겁다고 엉엉 울어야 마땅할 아이들은 그럴 힘조차 없는 듯했다.

"모린, 무슨 생각을 하고 있어요?"
"그냥 견디는 거예요."
"부모님은 어디 계세요?"
"돌아가셨어요."

좀처럼 감정을 드러내지 않던 모린의 입 주변이 떨리기 시작했다. 굵은 눈물이 맺힌 눈에는 모든 설움과 원망이 담겨 있었다. 무거운 자루를 들 때도 힘든 내색 한 번 않던 아이가 어깨를 들썩이며 울고 있었다.

"오늘 아침은 먹었어요?"
"아뇨, 아무것도 못 먹었어요. 저녁을 먹으려면 오늘 일당을 벌어야 해요. 저기 있는 어른들이 일당을 줘요."

아이가 가리킨 곳에 있는 어른들은 카메라를 경계하지 않았다. 특히 아이들의 '할머니'라고 자신을 칭한 아주머니는 우리를 퍽 반겼다. 그녀는 부모 잃은 남매가 딱해 자신이 거둬 키우고 있다고 했다. 아이들이 종일 씻은 코발트를 가져가고 1달러를 주는 사람이 바로 그 아주머니였다. 통역가가 100달러 지폐를 꺼내 보이자 그녀는 흡족한 얼굴로 누군가에게 손짓했고, 곧 몇몇 남자들이 나타나 모린과 카스가 담아놓은 코발트 자루를 광산 한편의 암시장으로 가져갔다. 암시장에서 으깨져 가루가 되는 순간, '아동 노동'과 '피 묻은 코발트'라는 꼬리표는 마법처럼 사라진다. 그 코발트로 스마트폰을 만들고, 전기차를 만들어 파는 건 세계에서 가장 부유하고 존경받는 기업들이다. 지속 가능성의 상징이 된 푸르디푸른 사옥의 잔디밭에서 새하얀 신제품을 소개할 때마다 이들은 인류의 꿈이 이뤄지고 있다며 설렘을 감추지 않는다.

"카스는 꿈이 뭐예요?"

고용주가 자리를 비운 사이, 혼자 마당에 앉아 있던 아이에게 물었다. 그때까지 우리에게 눈길 한번 준 적 없는 아이가 고개를 들었다.

"저요?"

아이의 입가에 웃음이 스몄다.

"정비사가 되고 싶어요."

"왜 정비사가 되고 싶은데요?"

수줍은 듯 즐거운 듯 처음으로 아이는 웃는 얼굴로 대답했다.

"자동차를 좋아하거든요."

"자동차를 좋아하는군요. 또 좋아하는 게 뭐 있어요?"

"학교에 가는 걸 좋아했어요."

잠시 가벼워졌던 마음이 다시 푹 가라앉았다.

"모린은 꿈이 뭐예요?"

두 살 많은 모린은 바닥을 본 채 말이 없었다.

"어른이 되면 뭐가 되고 싶은지 생각해 본 적 없어요?"

몇 초간의 침묵 뒤에 아이는 말했다.

"글쎄요. 정말 모르겠어요."

네다섯 살부터 물가에서 코발트를 씻다가 열 살이 넘으면 쇠꼬챙이로 바위의 코발트를 깎고, 중학교에 갈 나이가 되면 20m 깊이의 땅굴로 들어가는 것이 아이들 앞에 펼쳐진 미래였다. 아픈 것은 일하는 아이들만이 아니었다. 마을 우물에서는 이웃 마을의 12배가 넘는 코발트가 검출되었다.[9] 지역 보건학자들의 연구에 따르면, 아버지가 광산에서 일하는 아이는 선천성 기형을 갖고 태어날 위험이 약 5배 높았다.[10] 마을에서는 몸은 말라가고 머리만 커지는 아기들을 어렵지 않게 찾을 수 있었다.

해마다 18억 대의 휴대전화가 팔린다.[11] 하루도 빠지지 않고 매일 493만 대가 팔리는 셈이다. 더 많은 휴대전화가 만들어지고 또 버려질수록 콜웨지의 땅은 더욱 깊게 파헤쳐지고, 강물의 독성은 높아지고, 아이들은 더 일하고, 또 아파야 할 것이다. 부모를 잃고 광산에 나온 아이들이 종일 일하고도 굶주려야 할 만큼 착취당하지 않았다면 콩고의 코발트가 그렇게 저렴할 수도, 실리콘밸리의 기업이 그렇게 큰 이익을 남길 수도, 투자자들이 그렇게 큰 수익을 얻을 수도 없었을 것이다. 친환경 IT 산업의 원료는 가장 가난하고 어린 아이들이었다.

  콜웨지에서 2주, 그리고 라고스에서 2주. 우리는 눈으로 본 참혹함의 10분의 1도 화면에 담아내지 못했다. 중금속 중독으로 시력을 잃은 메삭, 돈을 모아 TV를 사면 이 방송을 볼 수 있냐던 바수, 광산 관리인을 피해 도망치다 어깨에 총을 맞고 팔을 못 쓰게 된 이름 없는 소년까지. 영영 안부조차 물을 수 없는 아이들이 아직도 마음에 밟힌다.
  "카스는 이제 중학교에 갈 나이가 됐을 텐데."
  "모린은 잘 지낼까요?"
  때가 되면 학교에 가고, 말썽을 부리고, 어른이 되어갈 뻔한 미래 중 어느 하나 그려볼 수 없는 아이들을 떠올리며 우리의 대화는 늘 한숨으로 끝난다. 다음 세대를 위해 지구를 지켜야 한다는 내 생각은 틀렸다. 이미 아이를 위한 지구는 없었다.

쓰레기장으로
가기 위한 디자인

"그 정도면 오래 쓰셨네요."

2001년 6월 8일 금요일, 미국 캘리포니아 리버모어Livermore 소방서에서는 떠들썩한 생일 파티가 열렸다. 백 살이 된 주인공을 축하하기 위해 마을 사람들이 모였고, 조지 W. 부시George Walker Bush 미국 대통령도 축전을 보내왔다. 대통령은 생일을 맞은 이가 바로 미국 발명 정신의 상징이자 지역 사회 자부심의 원천이라며 치켜세웠다. 생일상의 주인은 아무 말이 없었다. 늘 그렇듯 소방서 한편의 자기 자리를 밝히고 있을 뿐이었다. 그는 2025년에도 여전히 그 자리에 있다. 올해로 124번째 생일을 맞은 센테니얼 전구Centennial Light Bulb의 이야기다.

1901년에 처음 켜진 센테니얼 전구는 작동 중인 전구 중에 가장 오래된 것으로 기네스북에 올랐다. 지금 이 순간에도 소방서 차고를 비추고 있는 전구의 모습을 실시간 웹캠으로 볼 수 있다.[12] 이 백열전구는 소방서 이전 및 공사 시기를 제외하면 꺼진 적이 없다. 오늘날 백열전구의 수명이 약 1,000시간, LED 전구의 수명이 5만 시간인 것을 고려하면 19세기 말에 제작된 이 전구의 내구성은 그저 놀랍기만 하다.

　센테니얼 전구가 아니더라도 당시 백열전구의 수명은 꽤나 길었다. 1880년에 에디슨이 만든 전구만 해도 수명이 1,500시간에 달했다.[13] 초기 백열전구에 사용된 탄소 필라멘트가 두껍고 내구성이 뛰어났기 때문이다. 바로 그것이 전구 기업들의 고민이었다. 전구를 빨리, 많이 팔기 위해서는 한 번 사면 2,000시간은 거뜬한 이 전구를 멸종시켜야만 했다. 마침내 1924년 오스람Osram, 필립스Philips, 제너럴 일렉트릭General Electric 등 세계 주요 전구 제조 기업들은 스위스 제네바에 모여 제품의 수명을 1,000시간으로 줄이는 데 합의했다.[14] 이들이 만든 '피버스 카르텔Phoebus Cartel'은 서로의 제품이 몰래 수명을 늘리지 않는지 철저히 감시하며 경쟁 없는 호황을 누렸다. 전구의 수명을 늘리는 데 진심인 기술자들 위에 전구의 수명을 줄이는 데 진심인 판매자들이 있었던 것이다. 피버스 카르텔의 전구 수명 떨어뜨리기는 '계획적 진부화Planned Obsolescence', 즉 제품의 수명을 고의로 단축시키는 행위의 시초로 여겨진다.

계획적 진부화의 목적은 단순하다. 소비자가 제품을 필요 이상으로 빨리 교체하게 만드는 것이다. 이는 전구 기업들만의 일탈이 아니었다. 대공황이 닥친 1930년대 미국에서 계획적 진부화는 기업의 경영 전략을 넘어 국가 경제 회복을 위한 애국의 실천으로 자리 잡았다. 이 시기 뉴욕의 제조업체들은 '계획적 진부화를 통한 대공황 종식'이라는 내용의 전단지를 배포했고, 리먼 브라더스Lehman Brothers의 수석 파트너였던 경제학자 폴 마주르Paul Mazur는 제품이 고장나거나 낡도록 설계하는 것을 경영 철학의 '새로운 신'이라 선언했다.[15] 부동산 업자인 버나드 런던Bernard London은 한발 더 나아가 계획적 진부화를 국가 정책으로 제안하기에 이르렀다.

> 정부는 신발, 집, 기계, 모든 공산품, 광물, 농산물이 처음 제조될 때 수명을 할당하고, 명시된 기간 내에만 판매 및 사용되도록 해야 합니다. 실업이 만연한 상황에서 할당된 기간이 만료된 물건들은 법적으로 사망하는 것이며 정부 기관의 통제하에 파괴될 것입니다. 오래된 제품을 대신할 새로운 제품이 공장과 시장에서 끊임없이 쏟아져 나오면 산업의 바퀴는 계속 돌아가고 고용이 보장될 것

입니다. (중략) 누군가 낡은 옷, 자동차, 건물을 계속 소유하고 사용하는 경우, 제조 당시 정한 기간이 지나고도 법적으로 사망한 물건을 계속 사용하는 것에 세금을 부과할 것을 제안합니다.[16]

아이러니하게도 버나드 런던은 오늘날 우리와 마찬가지로 '과잉 생산'의 문제를 풀고자 했다. 그때나 지금이나 생산을 줄일 수는 없으니, 물건을 죽이자고 한 것이다. 팔린 물건을 빼앗아 부수자고 한 그의 생각을 비웃자니, 팔리지 않은 물건을 파쇄하는 우리도 미래 세대의 웃음거리가 되지 말란 법이 없다. 사실 물건에 수명을 정하자는 버나드 런던의 제안은 정책으로 명시되지 않았을 뿐 꾸준히 실천되어 왔다.

자동차를 끌 만큼 질긴 것으로 홍보되다 어느 순간 손톱만 스쳐도 올이 나가는 물건이 된 스타킹, 카트리지에 잉크가 충분히 남아 있어도 교체 알람을 띄우고 인쇄가 멈추도록 설계해 잉크 판매량을 높인 프린터, 소프트웨어 업데이트가 더 이상 지원되지 않아 먹통이 된 태블릿 PC, 새로 출시된 태블릿 PC와 호환되지 않아 쓸모 없어진 터치펜슬은 모두 제조사에 의해 죽을 날짜가 정해진 물건들이다. 그런데 물건이 명보다 일찍 간다 한들 우리는 애통해하지 않는다.

"그 정도면 오래 쓰셨네요. 이 참에 하나 새로 들이시죠."

"기계도 수명이 있으니까요."

손뼉도 마주쳐야 소리가 난다. 2년쯤 지나면 배터리가 너무 빨리 닳아버리는 스마트폰에도 사람들은 화내지 않는다. 바꿔야 할 때, 좀 더 솔직히 말해 바꾸고 싶은 때가 된 거니까. 날이 갈수록 카메라 렌즈도 좋아지고, 프로세서도 좋아지니 2년에 한 번은 새 스마트폰을 사고 싶어 하는 우리가 있기에 이 시스템은 오늘도 잘 돌아간다. 때마침 시내 곳곳의 전광판에서는 쇼핑을 해야 할 이유가 아주 고상하게 마음을 후벼판다.

iPhone 3G   The iPhone you have been waiting for.
당신이 기다리던 아이폰.

iPhone 4   This changes everything. Again.
다시 한번 모든 것이 변하기 시작했다.

iPhone 5   The biggest thing to happen to iPhone since iPhone.
아이폰 이래 가장 획기적인 아이폰.

iPhone 6S   The only thing that's changed is everything.
달라진 것은 단 하나, 전부입니다.

iPhone 8   A new generation of iPhone
아이폰의 새로운 세대.

iPhone 15   Newphoria.
새로움 물씬.

해마다 9월이 되면 뉴욕의 애플 매장에는 어김없이 '세상에 없던 완전히 새로운' 아이폰을 사기 위한 줄이 길게 늘어선다. 불행한 얼굴을 한 사람은 하나도 없다. 새로운 기술을 선보일 수 있어서, 새로운 매출을 올릴 수 있어서, 새로운 제품을 가질 수 있어서 모두가 행복한 날이다.

게다가 신제품을 얻기 위한 오픈런은 자본주의 사회의 모범 시민으로서 권장되는 행동이다. 당장 올해 9월 새 아이폰이 출시되는 날, 뉴욕 애플 매장 앞에 줄을 선 사람이 한 명도 없다면 어떻게 될까? 환경 전문 기자가 희망을 보았다는 한 줄을 쓰기도 전에 올해 애플의 매출 전망과 그로 인한 주가 하락, 경기에 미칠 영향을 언급하는 경제 기사들이 쏟아질 것이다. 우리는 땅을 파서 물건을 만들고 옮기고 쓰고 버리기를 반복하며 경제를 굴려오고 있다. 이 과정이 빠르게 반복될수록 경제는 잘 돌아간다. 그러니 물건을 사면 오래 간직할 게 아니라 빨리 던지고 다음 물건을 사는 것이 바로 소비자의 덕목이라 할 수 있다.

실제로, 계획적 진부화에 대해 알게 될수록 나는 환경 문제를 대하는 기업의 입장을 더욱 이해하게 되었다. 많이 만들고, 많이 사고, 많이 버리고, 다시 많이 만들고…. 이걸 반복하면 모두가 행복할 텐데. 그놈의 환경 문제만 아니라면 완벽한 시스템인데. 그러나 그놈의 환경 문제는 못 본 척한다고 사라져주지 않는다.

우리 발밑의 자원을 계속 캐내고 그 자리에 쓰레기를 쏟아부으며 위태롭게 유지되는 이 시스템은 결코 지속 가능하지 않다. 매년 버려지는 휴대전화는 53억 개에 이른다.[17] 그 자체로 탄소 집약적 공정인 재활용을 늘린다 한들, 버려진 스마트폰 100만 개를 오염 없이 녹여 새 스마트폰 100만 개를 만들 수는 없다. 제품 상자를 재활용 가능한(실제 재활용된다는 것을 보장하지는 않는) 소재로 바꾸거나, 본사 사무실을 재생 에너지로 가동한다거나, 제품 제조 과정에서 발생한 만큼의 탄소를 흡수할 것으로 기대되는 활동(열대우림 보호 등)을 지원함으로써 탄소 중립 마크를 단다고 해도 마찬가지다.

게다가 전자 제품의 주요 소재인 광물의 상당수는 '환경 보호'를 외칠 여유가 없는 나라 사람들이 채굴로 인한 오염을 뒤집어쓰는 덕분에 지금의 가격과 속도로 세계 시장에 공급되고 있다. 금속 다음으로 전자 제품에 많이 사용되는 소재가 플라스틱이라는 것도 간과해서는 안 된다. 기온 상승을 막기 위해 무엇보다 화석 연료, 즉 플라스틱 원료의 사용을 획기적으로 줄여야 하는 상황에서 "전자 제품은 괜찮아"라고 말할 여유가 우리에게는 없다. 아이들에게 살 수 있는 지구를 물려주느냐 아니냐의 기로에 놓인 우리 형편에, 물건의 수명을 늘리지는 못할망정 줄이는 것은 감당할 수 있는 삶의 방식이 아니다.

수년 전 애플은 제품의 수명을 의도적으로 줄였다는 비판에 직면했다. 멀쩡하던 아이폰6, 아이폰7이 소프트웨어 업데이트 후 현저히 속도가 느려진 것이다. 결국 애플은 2017년 12월, 노후된 배터리가 장착된 구형 모델의 성능을 소프트웨어 업데이트를 통해 고의적으로 낮췄다고 시인했다.[18] 애플은 이것이 새 아이폰을 구매하게 하려는 의도는 아니었다고 주장했지만 소비자들은 가만히 있지 않았다. 미국에서는 999억 달러의 손해배상청구 집단 소송이 제기되었고, 유럽 전역과 남아메리카에서도 소송이 잇따랐다. 2015년부터 '계획적 진부화'가 범죄로 규정된 프랑스에서는 애플이 기만적인 상업 행위로 소비자를 오도했다며 2,500만 유로의 벌금이 부과되었다.[19]

국내에서도 6만 명이 넘는 아이폰 이용자들이 애플 본사와 애플코리아를 상대로 손해배상 소송을 제기했다. 그러나 1심에서는 패소했고, 이들 중 단 7명만이 항소한 끝에 2023년 12월, 2심 재판부는 애플이 위자료 명목으로 7명에게 각각 7만 원과 이에 대한 지연이자를 지급하라고 판결했다.[20] 애플은 이마저 불복해 상고했다. 미국에서는 2020년에 일찌감치 약 5억 달러의 배상금 지불에 합의한 바로 그 기업이다.[21]

프랑스에서 애플을 상대로 소송을 제기한 시민 단체 HOP의 회장이자 프랑스 의회 생태민주주의연대 자문위원인 캉탱 제스키에르Quentin Ghesquière는 말했다.

"제품의 지속 가능성이란 그 제품을 최대한 오래 쓸 수 있게 하는 겁니다. 제품 하나하나가 세상에 영향을 남기기 때문이죠. 탄소 배출, 생태계 파괴를 무시하고 폐기물을 발생시켜 경제를 무한 성장시키겠다는 생각은 더 이상 유효하지 않습니다. 계획적 진부화를 막는다는 것은 경제 모델의 변화를 의미합니다. 품질이 좋은 제품을 만들고 수리하는 것으로 더 많은 일자리를 만들어야 합니다."

무제한 생산, 폐기를 그만두자는 말이 경제를 그만두자는 말은 아니다. 내가 어린 시절에 옷과 신발은 온라인에서 사는 것이 아니었다. 새벽 배송이 없던 불과 몇 년 전 신입 PD 시절만 해도 마트 가까이에 방을 얻는 것이 중요했다. 우리의 소비 방식은 환경 문제가 아니어도 늘 바뀌어 왔고, 거리의 상점이 없어지는 동안 많은 온라인 판매자가 생겼듯이 돈을 버는 방식도 변화해 간다. 지구에서 좀 더 오래 쾌적하게 살기 위해서 우리는 훨씬 더 많은 수리 장인이 필요하다.

2022년 유럽연합은 충전기 단일화에 관한 법안을 통과시켰다. 유럽에서 판매되는 모든 휴대전화, 태블릿, 노트북의 충전 포트를 USB-C 방식으로 통일함으로써 케이블 추가 구매로 인한 전자 폐기물 발생을 막겠다는 계획이었다. 이에 따라 케이블 판매만으로 연간 수십억 달러를 벌어들이던 애플은 독자적인 라이트닝 케이블을 포기해야 했다.[22] 2023년에 출시된 아이폰15는 전 세계 대부분의 소형 전자 제품에 통용되는 USB-C 케이블을 사용한다. 아이폰15 출시를 앞두고 애플이 자체 제작한 USB-C 케이블로만 높은 속도의 충전 및 데이터 전송이 가능하게 기기를 설계할 것이라는 소문이 돌자, 유럽연합은 곧바로 애플에 서한을 보냈다.[23] 타사의 USB-C 케이블 성능을 제한하는 시도를 할 경우 유럽연합에서 아이폰 판매를 금지할 수 있다는 경고였다.

1932년 버나드 런던은 말했다.

"공장, 창고, 밭은 여전히 온전하고 무제한으로 생산할 준비가 되어 있지만, 구매력 감소로 인해 생산에 대한 의지가 마비되었습니다. 문제는 사람이 만든 것이며, 해결 방법도 사람이 생각하고 실행해야 합니다."[24]

정확히 반은 맞고, 반은 틀렸다.

살 때는 고객님,
고칠 때는 호갱님

"아이고, 이건 방송에 내지 말아줘요."

"김 PD, 뭐가 작동이 돼야 찍지. 뭘 찍어야 돼?"

아무것도 모르던 신입 시절 '내 연출이 말이 되나?' 싶을 때마다 나는 J 조명 감독님의 얼굴을 쳐다봤다. 감독님은 맞다, 틀렸다 말로 알려주지 않았다. 맞으면 나보다 신이 나서 한 손으로는 조명을 다른 손으로는 소품 톱밥을 뿌리며 입바람까지 더했고, 틀리면 구내 식당의 테이블보라도 빌려 와서 안 되면 되게 했다. 그런 감독님이 뭘 찍어야 할지를 나에게 묻고 있었다.

"감독님, 이건 되는 일이 하나도 없는 게 포인트예요. 허탈해 보이는 조명, 그런 거 없을까요?"

새하얀 스튜디오 한가운데 선 출연자는 행거에 걸린 옷을 꼼꼼히 다림질하고 있었다. 블라우스 위로 핸디형 스팀 다리미가 오가기를 수차례, 그러나 구겨진 옷깃은 절대 펴지지 않았다. 고장난 다리미였으니까. 그리고 수리를 거절당했으니까.

"계속하면 되나요?"

스팀 없는 스팀 다림질을 계속하던 출연자가 민망한 듯 웃음을 터뜨렸다. 그녀의 다리미는 누구나 알 만한 글로벌 기업의 제품이었다. 스팀 기능이 작동하지 않아 찾아간 공식 수리 센터는 수리는 되지 않으나, 비슷한 제품을 사면 할인해 주겠다고 제안했다. 그러나 새 제품을 싸게 살 기회를 '개이득'이라 여기지 않았던 출연자는 마침 전자 제품 수리 실패 사례를 모으고 있던 서울환경연합의 SNS에 댓글을 달았고, 그걸 본 제작진의 연락에 흔쾌히 여의도 KBS로 와주었다. 경남에서 아침 일찍 기차를 타고 왔다는 그녀는 말했다.

"정당히 받아야 할 서비스를 받지 못하는 곳의 제품은 더 이상 사고 싶지 않다는 생각이 가장 먼저 들었어요."

키보드의 'ㅅ' 키만 눌리지 않는 노트북, 호스와 헤드 부분을 연결하는 장치의 톱니 하나가 부러진 진공청소기까지, 출연자들이 가져온 애물단지의 사연은 다양했다. 공통점이 있다면 믿고 찾아간 공식 수리 센터에서 퇴짜를 맞았다는 것.

물론 수리가 가능한 경우도 있었다. 음식이 데워지지 않는 오븐의 수리 비용은 30만 원이 나왔는데 새 제품을 사는 것보다 비싸서 수리를 포기할 수밖에 없었다. 그런가 하면 1만 3,000원에 산 손 세정기는 물비누를 한 번 보충하기도 전에 센서가 고장 나 버렸다. 고객센터에 전화를 하자 물건을 보내주면 수리비가 얼마나 나올지 알아는 보겠는데, 공장이 중국에 있어서 수리가 된다 한들 몇 주가 걸릴지는 모른다고 했다. 왕복 택배비와 수리비, 시간을 고려하면 수리를 맡기는 게 오히려 비합리적이었다. 출연자는 화가 나기보다 그러려니 했다고 털어놓았다. 얼마 안 하니까, 또 사면 되니까. 저가의 소형 전자 제품은 금방 고장 날 거니 기왕이면 싼 걸 사고, 고장 나면 또 싼 걸 사게 되는 악순환이었다. 유럽수리권연합Right to Repair Europe에 의하면, 수리 비용이 제품 가격의 30% 이상일 때 사람들은 수리를 포기한다.[25]

수리를 막는 것은 가격만이 아니다. 소형 전자 제품의 상당수는 2, 3년 내에 쓰레기장으로 가도록 만들어졌다. 수리에 대한 의지는 특수 나사로 조여진 제품의 케이스에 좌절되고, 배터리 교체 계획은 다른 부품에 단단히 접착된 배터리를 보며 무너진다. 더 작고 납작하게 만들려면 어쩔 수 없다지만, 그 경쟁을 강요한 것은 소비자가 아니다. 2011년에 산 첫 스마트폰도 충분히 작고 납작했다. 제품 상자에는 배터리 하나가 추가로 들어 있었고, 뒷면의 커버를 밀기만 하면 아무 장비 없이도 3초 만에 배터리를 탈부착할 수 있었다. 그러나 요즘 휴대전화 배터리는 마치 암호가 걸린 폭탄인 양 전문가가 아니면 함부로 만져서는 안 되는 것으로 여겨진다.

매년 신제품을 출시하고 생산량을 늘려야 하는 기업 입장에서 보면 이는 바람직한 전략이다. 2022년 전자 폐기물 발생량이 2010년의 거의 2배가 된 바탕에는 같은 기간 6,200만 톤에서 9,600만 톤으로 증가한 전자 제품의 연간 생산량이 있었다.[26] 게다가 전자 제품의 생산, 유통, 소비, 폐기에 이르는 전 단계에서 환경에 가장 큰 영향을 미치는 것은 생산이다. 즉 전자 제품의 전원을 잘 끄는 것보다 더 중요한 일은 오래 사용하여 새로운 생산을 줄이는 것이다. 유럽환경국EEB에 의하면 현재 유럽연합에서 사용 중인 스마트폰 6억 개의 수명을 1년씩만 늘려도 매년 210만 톤의 이산화탄소 배출을 줄일 수 있다.[27] 이는 도로에서 100만 대의 자동차가 사라지는 것과 같다. 안 쓰거나 덜 쓰는 불편함을 감수할 필요도 없는 것치고 꽤 괜찮은 효과다.

프랑스는 수리하여 오래 쓸 권리를 법으로 보장한다. 2020년, 의회는 전자 제품 제조 기업이 소비자에게 제품 수리 가능성을 알리도록 하는 '순환 경제를 위한 폐기물 방지법Loi relative à la lutte contre le gaspillage et à l'économie circulaire'을 통과시켰다.[28] 분해 용이성, 수리 설명서의 가용성, 부품의 가격 등을 기준으로 각 제품에 수리 가능성 지수를 표기해 소비자의 친환경적인 선택을 돕기 위한 것이었다. 이에 따르면 배터리를 교체할 수 없게 기기 내부에 접착시킨 휴대전화나 특수 나사로만 열어볼 수 있는 노트북은 낮은 점수를 받을 수밖에 없다. 소비자는 이 지수를 통해 구입할 물건을 얼마나 쉽게 수리할 수 있을지, 궁극적으로 얼마나 오래 사용할 수 있을지 판단할 기회를 얻는다.

실제로 파리의 전자 제품 매장 진열대에는 수리 가능성 지수가 가격보다 더 크게 표기되어 있었다. 최저 0점에서 최고 10점 사이의 점수와 함께 구간별로 빨간색, 주황색, 노란색, 연두색, 녹색 마크가 붙어 있어 직관적으로 어떤 제품이 '녹색'에 가까운지 금방 파악할 수 있었다. 자사의 신제품에 경고등처럼 보이는 빨간 마크를 붙이고 싶은 기업은 없을 터였다. 점수 아래에는 최장 10년에 이르는 부품 보유 기간도 명시되어 있었다. 2년쯤 제품을 사용하다 찾아온 구매자에게 '부품이 단종되어서'라는 변명은 더 이상 통하지 않는다.

프랑스는 이 제도를 통해 2020년 40%였던 전자 제품 수리 비율을 5년 내 60%까지 높이는 것을 목표로 삼았다.[29] 그러나 수리를 쉽고 저렴하게 만드는 것은 곧 기업이 새 제품을 더 빨리, 많이 만들고 파는 데 제동을 거는 일이다. 게다가 부품 보유 기한과 보증 기한을 늘리는 것은 고스란히 기업의 비용이 될 것이 뻔하다. 자본주의 국가에서 어쩌자고 이런 법을 만들었을까? 법안의 발의를 이끈 베로니크 리오통 Véronique Riotton 국가순환경제위원회 의장은 에둘러 답하지 않았다.

"수리하는 것보다 새로 사는 것의 이점을 줄이는 게 이 법의 목표입니다. 그게 바로 제품의 수명을 늘리기 위해 첫 번째로 해야 할 일이니까요. 소비자들은 좀 더 책임 있는 제품을 요구하고 있습니다. 그러니까 공급자가 그 요구에 맞춰야죠. 기업이 이러한 변화에 따르는 것은 의무입니다. 그렇지 않으면 생존할 수 없으니까요."[30]

'순환 경제를 위한 폐기물 방지법'이 통과되기까지 프랑스에서는 170번이 넘는 공청회가 열렸다. 즉 이 법안은 지금의 생산과 소비 방식을 바꿔야 한다는 사회적 공감대가 형성된 결과다. 이에 따라 수리 가능성 지수 표기 이외에도 스마트폰, 노트북 등의 일부 전자 제품은 최소 5년간 제조사에서 부품을 보유해야 하며, 부품들이 서로 접착되어 수리를 불가능하게 하는 디자인도 금지되었다. 생산자의 책임이 제품을 잘 수거해 재활용되도록 하는 것을 넘어 제품을 오래 사용하게 디자인하고 수리하는 데까지 확장된 것이다. 여기에 교체 대신 수리를 선택한 소비자에게는 수리비 보조금과 추가 보증 혜택을 주어 고쳐 쓰는 것의 문턱을 낮추고 효용은 높였다.

 프랑스인들만 유난히 수리에 집착하는 것은 아니다. 오스트리아 정부는 2022년부터 전자 제품 수리비의 50%를 최대 200유로까지 지원하고 있다.[31] 공공재원을 그런 데 쓰는 이유는 뭘까? 수리를 안 하면 손해라고 사람들을 부추기는(?) 것이다. 보조금 지급이 시행된 첫해에만 56만 건의 전자 제품 수리가 이루어졌다.[32] 손님이 늘어난 소규모 수리업체들이 이 정책을 두 팔 벌려 환영한 것은 물론이다.

 수리를 지원하는 제도가 생기기 전부터 유럽 곳곳에는 시민들이 모여 스스로 물건을 수리하는 '수리 카페'가 있었다. 2009년 암스테르담Amsterdam에서 시작한 수리 카페는 옷, 전자 제품, 자전거, 가구까지 온갖 물건을 고쳐내는데 이미 유럽 전역에 2,000개가 넘는 모임이 있다. 수리할 권리를 보호하는 법이 수년째 국회에서 표류하는 동안 우리나라에서도 참지 못하고 스스로 모인 시민들의 수리 카페가 곳곳에 생겨나는 중이다. 그런가 하면 미국에서는 소유권 보장의 측면에서 일찍이 수리권이 논의되었다. 농기계의 수리를 제조사가 독점하여 수리를 비싸고 힘들게 만드는 관행에 맞서 내 물건을 마음대로 열어볼 권리를 주장한 것이다. 고칠 수 없다면, 소유한 것이 아니다. 풀full소유를 위해서라도 수리권은 필요하다.

수리를 포기당한 출연자들의 전자 제품은 서울시 사회혁신기업 인라이튼에 도착했다. 추억 속 전파사의 부활을 꿈꾸는 인라이튼에는 전국에서 거절당한 전자 제품이 가득했다. 우리가 가져온 물건들을 하나씩 테이블에 올려놓을 때마다 경력 40년의 엔지니어 어르신은 "어디 보자" 하고 안경을 고쳐 쓰셨다. 그런 다음 제품의 나사를 풀면 오래 기다릴 것도 없었다.

"나 참, 전선을 뭐 이렇게 대충 붙여놨대."

"여기 안에 먼지만 싹 털어주면 되겠구먼."

"알 만한 기업이 이런 허접한 부품을 쓰면 되나! 아이고, 이건 방송에 내지 말아줘요."

부품이 없다, 수리비로 30만 원을 내야 한다던 제품들은 호환 키보드를 찾지 못한 노트북만 제외하고는 전부 수리되어 주인에게 돌아갔다. 대부분은 허무할 만큼 간단하게 고쳐졌다. 겨우 한 가지 작은 고장 때문에 멀쩡한 물건을 버리고 또 새 제품을 사게 만드는 것이 글로벌 기업의 생존 전략이라면 그것은 멋이 없다. 인류의 생존 전략과 함께 갈 수 없음은 물론이다. 부품들을 뗄 수 없게 접착시킨 뒤 특수 나사로 조인 제품을 보고 "역시 디자인이 깔끔하네" 하며 감탄하고 있을 여유가 우리에게는 없다.

환경 문제가 아니더라도 이 시스템은 건강하지 않다. 전자 제품을 주로 소비하는 선진국들이 국제 질서로 내세우는 노동 기준을 따른다면, 개발도상국에서 이 물건들이 그렇게나 빨리, 또 저렴하게 우리에게 공급될 리가 없다. 고치는 것보다 새로 사는 것이 싸다는 말에 "세상 참 좋아졌다" 하는 순간, 세상은 퍽 나빠지고 있다.

거센 비바람이 불던 날, 전자 제품을 들고 여의도까지 온 출연자들은 커피를 사다 드리겠다는 말에 모두 고개를 저었다. 텀블러에 이미 담아 왔다는 분들이 절반, 텀블러를 깜빡해서 그냥 안 마시겠다는 분들이 절반이었다. 이른 아침에 이 무거운 걸 들고 와주셔서 감사하다고 고개를 숙이자 한 출연자가 말했다.

"초봄에 아기를 낳았는데 날씨가 너무 덥더라고요. 이거 이상하다. 큰일이다. 막 태어난 아기가 자랄 세상이 걱정됐어요. 그래서 온 거예요."

나이지리아 라고스의 중고 시장 옆 공터. 전 세계에서 수입된 전자 폐기물들이 쌓여 있다.

쇠붙이를 줍기 위해 모인 아이들.
부품과 전선을 태운 열기가 식기도 전에 아이들은 손을 뻗는다.

콩고민주공화국 남부에 위치한 광산 마을 바닥에 뚫린 수백 개의 구멍.
땅굴마다 코발트를 캐는 아이들이 있다.

4만 여 명의 어린이들이 아무런 보호 장비도 없이
땅굴을 파고 들어가 맨손으로 코발트를 캔다.

모린과 카스. 해가 뜰 무렵 광산에 온 남매는 종일 일해야 저녁 한 끼를 먹을 수 있다.

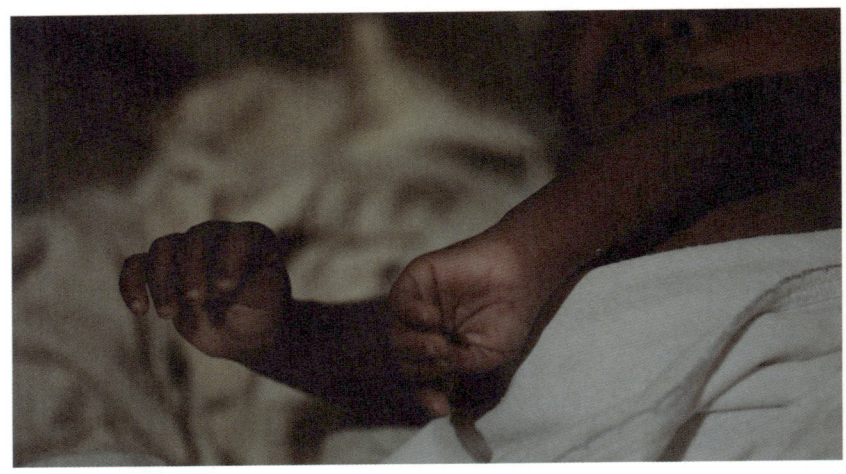
코발트 광산 마을의 기형아 출생 비율은 다른 마을의 5배에 달한다.

KBS 〈환경스페셜 – 아이를 위한 지구는 없다〉

5장

결코 평등하지 않은 세계

'내돈내산' 같은 소리

"전용기 한 대는 시간당 약 2톤의 이산화탄소를 배출한다."

"그렇게 지구가 걱정되면 다 벌거벗고 살아라."

"이거 찍는다고 비행기 타고 왔다 갔다 했을 텐데 그게 다 탄소 배출이다."

내가 만든 다큐멘터리에 달린 댓글들이다. 이런 독한 댓글은 소수이지만, 꼭 있다. 종종 댓글의 불똥은 화면 밖으로 튄다.

"아줌마들이 홈쇼핑으로 생각 없이 옷을 자꾸 사니까 지구가 이 모양이다."

"힘들다, 힘들다 하면서 폰은 새로 나올 때마다 바꾸는 젊은 것들이 문제다."

소심해서 늘 읽기만 하고 지나쳤지만, 여기서라도 대답을 해야겠다. 아줌마랑 젊은 애들이 만만하시죠?

매일 새 옷차림으로 카메라 앞에 서고 협찬 의류로 하울링 콘텐츠를 만들어도, 텀블러만 들면 '환경 지킴이'라 불리는 이들이 있다. 아주 가끔 패스트패션 브랜드의 저렴한 원피스를 입기만 해도 '개념 연예인'이 되는 이들은 옷장을 정리하면서 '기부 천사'로 등극한다.

보이는 것이 직업이라서, 걸어 다니는 광고판이라서, 바쁜 기업인이라서, 중요한 정치인이라서 옷을 한 번만 입고, 최신 기종의 스마트폰만 사용하고, 전용기를 타고, 먹지도 않을 음식을 잔뜩 늘어놓는 행위가 누군가에게는 용인된다. 기후 위기를 막으려면 2030년까지 탄소 배출량을 절반으로 낮춰야 하는 비상 상황에서 열외를 인정받는 사람들이 너무 많다. 심지어 우리 중 대다수는 그 열외의 삶을 동경하고 앞장서 이해해 준다. 그리고 그 열외에 속하지도 않은 주제에 옷을 사고 신형 스마트폰을 사는 아줌마와 젊은이들을 비난한다.

예외가 많은 곳에서는 아무도 규칙을 따르려 하지 않는다. 규칙을 따르는 사람만 바보가 되기 때문이다. 부유하고 유명할수록 탄소 배출을 줄이지 않아도 이해받는 세상에서, 탄소를 줄이는 건 쿨하지도, 합리적이지도 않다. 그러니 삶이 팍팍한 서민이 돈도 아낄 겸 덜 사고 덜 버리는 것에 기대 기후 위기를 막으려는 안일한 정책이 효과가 있을 리 없다. 우리가 제로 웨이스트와 플로깅을 권하며 서로를 손가락질하는 동안 밑 빠진 독에서는 탄소가 줄줄 새고 있다.

You wanna take mine or yours?

내 거 탈래, 네 거 탈래?

인스타그램 사진 속 카일리 제너Kylie Jenner와 트래비스 스콧Travis Scott, 당시 커플이었던 그들 뒤의 '탈 것'은 따릉이도 리무진도 아니었다. 억만장자 사업가이자 모델인 카일리 제너의 '내 거'는 Bombardier Global 7500, '네 거'는 Embraer ERJ-190-100. 두 전용 비행기는 가격도 7,200만 달러로 비슷하니 도긴개긴이라 무얼 탈지 고민했을 수도 있겠다. 가위바위보라도 했으려나?

이 게시물은 800만이 넘는 '좋아요'를 받았다. 팔로워가 4억 명이 넘는 카일리 제너에게는 흔한 일이다. 댓글에는 그녀의 '플렉스'에 환호하는 팬들이 남긴 하트가 가득했는데, 그 틈에서 '좋아요'를 6만 개 넘게 받은 댓글이 눈길을 끌었다.

1%가 당일치기 팜 스프링스Palm Springs 여행을 위해 엄청난 양의

탄소를 대기로 내뿜는데, 왜 우리가 육류 섭취를 줄이고 종이 빨대를 사용해야 하죠?

억만장자 인플루언서의 플렉스는 단숨에 환경 이슈로 번졌다. 우리가 눅눅한 종이 빨대를 감수하고 분리수거를 열심히 한 건 카일리 제너가 전용기를 계속 탈 수 있게 하기 위해서였을까? 비꼬는 게 아니라 합리적인 의심이다.

전용기 한 대는 시간당 약 2톤의 이산화탄소를 배출한다.[1] 유럽연합 거주자의 평균 탄소 배출량은 1년에 약 8톤이다. 즉 평범한 사람이 한 계절 동안 배출할 탄소를, 전용기를 탄 카일리 제너는 한 시간 만에 내뿜어버리는 것이다.

그녀는 종종 10분 남짓의 비행을 했다. 캐머릴로Camarillo 공항에서 밴 나이즈Van Nuys까지는 전용기로 17분이 걸렸는데 자동차를 타도 45분이면 갈 거리였다. 전용기는 현존하는 다른 어떤 운송 수단과도 비교하지 못할 만큼 심한 오염을 유발한다. 승객 한 명당 전용기의 탄소 배출량은 일반 여객기의 5배에서 14배, 기차의 50배에 달한다.[2] 환경 단체들이 전용기를 '기후 폭탄'이라 부르는 이유다.

전용기를 이용하는 사람들은 매우 소수여서 기후 변화에 미치는 영향이 미미하다며 합리적 식견을 뽐내는 이들도 있다. 그러면 미미한 소시민인 내가 굳이 텀블러를 써야 할 이유는 무엇일까? 환경에 관심 많은 친구에게 "근데 넌 왜 비행기 타고 동남아로 휴가 가냐?"라고 시비를 걸기 전에 하나 더 알아야 할 것이 있다. 전 세계 항공기 탄소 배출량의 50%는 가장 부유한 단 1%의 사람이 만든다.[3] 이코노미석을 타고 3박 4일 휴가를 가는 나와 당신이 아니다. 우리는 자전거로 갈 수 있는 거리를 굳이 비행기로 가지 않는다.

자본주의 사회에서 '내돈내산'이니 괜찮을까? 카일리 제너의 '전용' 비행기가 배출하는 탄소는 '공용'인 지구의 대기가 감당해야 한다. 미국 서부에서 40℃가 넘는 폭염이 2주 넘게 이어지던 2023년, 사막의 선인장이 말라 죽고 11개 주에서 대형 산불이 발생해 4,000km² 이상이 불탔다. 때 이른 6월의 폭염에 미시간주와 펜실베이니아주의 일부 학교는 임시 휴교령을 내렸고 7월에는 곳곳에서 전력 공급이 차단되었다. 미국 질병통제예방센터 CDC에 의하면 폭염으로 인해 약 2,300명이 사망했고,[4] 폭염주의보가 내려진 지역의 거주자는 미국 인구의 3분의 1에 달했다.[5] 조 바이든Joe Biden 전 대통령은 기후 변화로 인한 폭염이 미국 경제에 미치는 손실이 연간 1,000억 달러에 이른다고 밝혔다.[6] 기온이 올라 해수면이 상승하고 그로 인해 물에 잠겨버릴 도시와 멸종되는 동식물들, 극단으로 치닫는 자연 재해 속에 목숨을 잃을 사람들은 익히 예견된 미래다. 이쯤이면 전용기를 타는 사람들이 자본주의 방식대로 제값을 치렀는지 의문이다. 타인의 목숨을 위태롭게 하거나 대기를 마음껏 데우기 위해 지불하면 될 충분한 가격은 존재하지 않는다.

"우리는 최고위층에 있는 사람들이 정당한 몫을 지불하고 있다는 것을 사람들에게 확신시키기 위해 할 수 있는 모든 일을 해야 합니다. 개인용 제트기를 탈 사람들과 함께 맨 꼭대기부터 시작해야 합니다."[7]

『21세기 자본』의 저자인 경제학자 토마 피케티Thomas Piketty는 《가디언The Guardian》과의 인터뷰에서 기후 문제 해결을 위해 탄소 배출이 불필요하게 높은 상품과 서비스를 규제해야 한다고 말했다. 기후 정책이 저소득층의 일상에 영향을 미치는 가운데 호화로운 생활 방식을 가진 이들의 삶은 그대로 유지된다면, 2018년 프랑스를 마비시킨 노란 조끼 시위(프랑스 정부가 기후 변화 대응을 위해 유류세를 인상하겠다고 하자, 물가 인상을 우려한 시민들이 반발하며 일어난 대규모 반정부 시위)와 같은 일이 또 벌어질 것이라는 경고였다.

각국 정부가 대중을 대상으로 저탄소 생활을 설득하기 위해 캠페인과 연구에 자금을 쏟는 동안, '그들이 사는 세상'에서는 대저택, 요트, 전용기로 대표되는 고탄소 생활이 우아하게 지속된다. 지구 기온이 3℃쯤 오르면 어떤가? 빵이 없으면 케이크를 먹으면 되듯, 밖이 더우면 에어컨이 나오는 실내에 있으면 되는 그들이다. 매년 뉴스에서 이번 여름이 가장 덥다고 해도 그들이 사는 세상에는 아무 일도 일어나지 않는다. 그럼에도 2023년 폭염은 대단하긴 했나 보다. 그해 7월, 카일리 제너는 산책 중인 자신의 발 사진을 인스타그램에 올렸다. 이번에도 짧은 글과 함께였다.

"It's hot as fuck." (X나 덥네.)

밖에서 일하다 온열 질환에 쓰러질 걱정이 없는 이들에게는 더위도 인스타그램 포스팅 소재일 뿐이다. 기후 변화에 대한 청구서가 발행되지 않는 세상에서 카일리 제너의 생활은 꽤나 합리적으로 보인다. 지구의 99%가 살 수 없는 황무지가 되고 1%의 오아시스만 남는다 해도 그녀는 거기에 대저택과 벙커를 짓고 살면 된다. 일론 머스크Elon Musk나 제프 베조스Jeff Bezos가 만들 우주 정착촌으로 가는 것도 고려해 볼 만하다. 그럴 형편이 안 되는 우리는 그녀의 플렉스에 '좋아요' 누르기를 그만하자.

기후 회의에
전용기를 타고 오는 사람들

"돈 벌어서 전용기 타는 훌륭한 사람이 되어라."

인간은 기꺼이 이타적으로 행동한다.
단, 모두가 동참한다고 믿는 경우에 한해서.[8]

니콜라 보마르 Nicholas Baumard

인플루언서의 소식은 팔로우를 안 하면 그만이다. 그러나 소위 '지도자'들의 비행은 그렇지 않다. 지구의 미래를 논의하자며 세계경제포럼(다보스Davos 포럼)에 전용기를 타고 나타나는 사람들이 있다. 더 이상 지구의 경고를 무시하면 안 된다고 목소리를 높이는 그들은 바로 가장 많은 탄소를 배출하는 1%의 사람들이다.

세계경제포럼이 열린 한 주간, 스위스의 다보스 공항에는 1,040편의 전용기가 몰려들어 탄소 배출량이 평소의 4배에 달했다.[9] 겨우 21km를 날아온 전용기도 있었다. 각자 전용기를 타고 와 공항에 교통 정체를 빚은 이들은 세계가 직면한 가장 심각한 위험이 기후 변화라며 즉각적인 변화를 촉구하는 보고서를 발표했다.[10] 그러나 정작 자신들의 교통수단을 바꿀 생각은 없었다. 전세기를 탈 만큼 부유하고 유명하고 바쁜 사람들을 위해 우리가 대신 삶의 방식을 바꿔야 한다니, 참여할 마음이 싹 가신다. 그들이 전용기를 타는 것이 불가피하다면, 마찬가지로 너무 바쁘고 피곤한 우리가 왜 일회용 플라스틱을 포기해야 할까? 세계의 기후 의제를 이끌어가는 이들조차 일상의 변화를 감수하지 않는데 내가 뭐라고 불편함을 감수해야 할까? 1970년대만 해도 전체 인구의 49%만 전기를 사용했는데[11] 이제 개발도상국도 전기를 펑펑 쓰고 육류 섭취를 늘리다 보니 지구가 버틸 수 없다는 지적에도 입이 떡 벌어진다. 다시 말하면 인구가 늘고 개나 소나 살 만하니 자원이 부족하다는 소린데, 그 '개나 소'의 범주에 드는 나는 '저녁에 소고기나 사 먹어야지' 하고 삐뚤어지는 수밖에.

기후 회의에 참석하는 저명한 인물들이 자동차, 기차, 여객기의 일등석을 제쳐두고 태연히 전용기에 오르는 것을 보면 나조차도 의구심이 든다. 정말 기후 변화가 심각하긴 한 걸까? 우리가 진지하게 탄소를 줄여야 하는 게 맞나? 그냥 살던 대로 살면 되는 것 아닐까? 많은 사람들이 합리적 의심을 갖는 동안, 그중 몇몇은 기후 위기가 사기이며 환경 운동은 선동이라는 확신에 이른다. 환경에 대한 설교를 늘어놓으며 놀라울 만큼 반환경적으로 살아가는 세계의 리더들 때문에 '지속 가능성'은 위선의 오명을 뒤집어쓴다.

영국의 해리 왕자는 여행 산업의 지속 가능성을 위한 비영리 단체인 트래벌리스트Travalyst를 설립했고, 2022년 유엔총회에서 "우리의 세계가 불타고 있다", "전 세계의 평범한 사람들이 엄청난 고통을 겪고 있다"며 각국 대표들에게 대담하고 변혁적인 대응을 촉구했다.[12] 그는 여전히 전용기를 타고 다닌다.

존 케리John Kerry 미국 기후특사는 환경 문제 해결에 대한 공로로 북극권상The Arctic Circle Prize을 받기 위해 전용기를 타고 아이슬란드로 날아갔다. 그것이 친환경적인 여행 방식이냐는 기자의 질문에 그는 답했다.

"이것이 나 같은 사람에게는 유일한 선택지입니다."[13]

팬데믹 기간 대부분의 사람들이 집에 머물라는 권고에 따르는 동안, 전용기 비행은 대호황을 누렸다. 2022년 미국에서는 전용기가 전체 비행의 4분의 1을 차지했는데 이는 팬데믹 이전

점유율의 2배에 달한다.[14]

2020년 아마존 창업자 제프 베조스는 향후 10년간 100억 달러 규모의 '베조스 어스 펀드Bezos Earth Fund'를 통해 환경 단체를 지원하고 탄소 상쇄 및 제거 기술에 투자하겠다고 밝혔다. 1년 뒤, 그는 11분의 우주 비행으로 저개발국가에 거주하는 사람의 평생 배출량보다 더 많은 탄소를 배출했다.[15] 그해 아마존의 온실가스 배출량도 18% 증가했다.[16]

영국은 총리, 외무장관, 국왕이 각자 전용기를 타고 두바이에서 열린 제28차 유엔기후변화협약 당사국총회COP28에 참석했다. 이 총회는 유엔기후변화협약의 최고 의사 결정 기구로 교토의정서, 파리협약 등 기후 대응에 관한 국제 사회의 가장 중요한 합의가 이뤄져 온 곳이다. 영국 총리실은 지속 가능한 항공 연료를 사용했다는 해명을 내놓았다.[17]

전용기와 우주 여행이 내뿜은 탄소는 이미 대기로 배출되었다. 나무를 심어 수십 년간 키우고 탄소 제거 기술을 개발하는 동안에도 탄소는 시시각각 배출될 것이다. 숲을 가꿔 탄소를 흡수하겠다는 기업들을 비웃기라도 하듯 매년 심해지는 산불에 숲은 오히려 탄소를 내뿜고 있다.[18]

세계의 지도자들은 자신의 일상이 문제를 악화시킨다는 것을 인정하지 않은 채 해결사를 자청한다. 기후 위기를 막아내기 위해 그들이 해야 할 것은 기금 조성이 아니라 자신의 습관부터 바로잡는 것이다. 기후 위기 조별 과제의 마감일은 내일인데, 나중에 밥을 살 테니 오늘 나는 좀 빼달라는 조원들이 너무 많다.

지속 가능성을 헤아려보는 것은 어렵지 않다. 모두가 그렇게 행동해도 생태계가 유지될 것인가? 자전거는 된다. 자동차는 지금 우리가 보는 세상이다. 덜 타는 것이 좋겠다. 전용기는? 우리는 답은 알고 있다. 바쁘고 부유하다는 것이 기후 폭탄을 타고 다닐 이유는 되지 못한다. 충분한 값을 매기지 못할 만큼 타인에게 피해를 끼치기 때문이다. 아이들에게 대중교통을 타라고 가르치면서 "돈 벌어서 전용기 타는 훌륭한 사람이 되어라" 하고 덕담할 수는 없는 노릇이다.

2023년 프랑스는 2시간 30분 이내에 기차로 이동할 수 있는 구간의 항공편 운항을 금지했다.[19] 이에 파리와 낭트Nantes, 보르도Bordeaux, 리옹Lyon을 오가는 노선이 중단되었다. 벨기에는 브뤼셀Brussels 공항에서 500km 미만 거리의 목적지로 가는 항공편에 승객당 10유로의 세금 부과를 결정했다.[20] 스웨덴의 '플뤼그스캄Flygskam'(비행기로 여행하는 것을 부끄러워하는 것)이라는 신조어를 시작으로, 유럽에서는 비행기 대신 기차를 이용하자는 움직임이 늘어나고 있다.

이 와중에도 여전히 거꾸로 전력 질주하는 사람들이 있다. 전 세계 전용기 대수는 2년 사이 133% 증가했다.[21] 어느덧 20대가 된 그레타 툰베리Greta Thunberg는 2024년 1월 27일, 영국의 판버러Farnborough 공항을 향해 행진했다. 한 해 동안 이 공항을 이용한 비행기 3만 3,120대의 평균 승객은 2.5명이었다.[22] 그녀와 함께하는 수백 명의 사람들은 외쳤다.

"Private flights = Public deaths." (전용 비행 = 공공 죽음)

2023년 7월에는 디즈니의 상속자 애비게일 디즈니Abigail Disney가 이스트 햄프턴East Hampton 공항에서 체포되었다. 동료 환경 운동가들과 함께 전용기의 이착륙을 막은 혐의였다. 부유한 생활을 비난하는 건 돈 없는 사람들의 몽니이고, 누구나 돈이 있으면 요트와 전용기를 살 것이라는 통념을 깨뜨린 부자가 나타난 것이다.

"나의 아버지는 선하고 점잖은 분이셨고, 전용기를 소유한 대부분의 사람들도 마찬가지입니다. 그러나 우리는 현재 긴급한 상황에 직면해 있으며, 개인적인 선택과 선호의 결과에 대한 활발한 조사를 포함해 의미 있는 행동이 뒤따르지 않으면 품위는 가치가 없습니다. 그리고 우리의 자녀와 손자를 안전하게 지키기 위해 손가락 하나 까딱하지 않는다면 친절함은 공허한 미덕입니다."[23]

에코백을 들고, 자전거를 타면 지구를 살릴 수 있다는 말을 더는 믿지 않는다. 티끌은 모아봤자 티끌이다. 그래서 나는 환경 다큐멘터리를 만든다. 태산이 저기 있다고 가리키기 위해서.

인류세, 맞습니까?

**"같은 '인류'로 묶일 때,
책임은 희석되고 원인은 모호해진다."**

2023년 여름, 미국 로스앤젤레스 인근 버두고Verdugo 산맥 기슭의 고급 주택가 주민들은 이중고를 겪었다. 더위에 지친 야생 곰들이 마을로 내려와 야외 수영장을 차지하는 바람에, 주민들은 수영장을 바라만 보아야 했던 것이다. 수영장 딸린 집에 사는 사람들은 곰이 접근하는 것을 방지하기 위해 음식물 쓰레기를 꼼꼼히 밀봉하자며 SNS에서 삶의 지혜를 나눴다. 2024년 여름은 더 더웠고, 곰은 또 찾아왔다.

수영장을 이용하지 못해 힘든 사람이 있는가 하면, 말 그대로 더워서 죽는 사람도 있었다. 같은 기간 동아프리카 일부 지역은

2020년부터 줄곧 우기에 비가 오지 않아 40년 만에 최악의 가뭄을 겪었다. 세계기상특성WWA에 따르면 이 지역의 가뭄 발생 가능성은 기후 변화로 인해 100배 이상 커졌고, 지속된 가뭄으로 이미 400만 명 이상이 심각한 굶주림에 처했다.[24]

기후 위기로 치러야 할 대가는 평등하지도 공정하지도 않다. 탄소 배출량이 극히 적은 저개발국가의 사람들이 가뭄, 홍수에 가장 취약한 지역에 살며 기온 상승의 결과를 가장 첫 줄에서 맞닥뜨리고 있다. 뒷줄에 있는 사람들이 불쾌한 열기를 느낄 즈음이면 앞줄에서는 사람들이 쓰러져 간다. 기상 이변으로 인한 사망자의 90%는 개발도상국에 살고 있었다.[25]

1990년부터 2015년까지의 탄소 배출량을 분석해 보면, 가장 부유한 1%의 탄소 배출량은 가장 가난한 50%의 배출량을 모두 합한 것의 2배를 넘어선다. 가장 부유한 1%는 전체 배출량의 15%, 상위 10%는 52%를 차지한 반면, 가장 가난한 50%는 전체 배출량에서 단 7%를 차지했을 뿐이다.[26] 간단한 곱셈만으로도 상위 1%에 속한 개인이 하위 50%에 속한 개인보다 100배 많은 탄소를 배출했다는 것을 알 수 있다. 게다가 1990년 이후 전 세계의 1인당 탄소 배출량은 평균 7% 증가했지만, 같은 기간 상위 1%의 배출량은 무려 26%나 증가했다.

컬럼비아대학교 연구진이 발표한 「탄소로 인한 인명 피해 비용 The mortality cost of carbon」에 따르면, 대기 중으로 탄소 100만 톤이 배출될 때마다 226명의 초과 사망자가 발생한다.[27] 이 계산식을 바탕으로 국제구호개발기구 옥스팜Oxfam은 가장 부유한 1%가 1년 동안 배출하는 탄소는 향후 130만 명의 사망을 초래한다고 전망했다.[28]

'인류세Anthropocene'라는 단어에 느꼈던 묘한 감정은 그 때문이었다. '인류세'란 인간이 지구의 환경을 결정하는 새로운 지질 시대를 일컫는 말이다. 1만 2,000년 전 빙하기가 끝난 이래 오늘날까지 이어지고 있는 '홀로세Holocene'의 안정적인 기후와 생태계가 급격히 붕괴되는 상황에서 '인류세'의 공식 도입을 촉구하는 학자들이 늘어나고 있다. 인류의 활동이 대기의 화학적 조성, 더 나아가 기후를 움직이는 주체가 된 새 지질 시대가 도래했다는 것이다. 그러나 기후 위기를 '인류'의 잘못이라고 묶기에 각자가 기여한 바는 매우 다르다. 모든 환경적 피해를 감수하고 탄소 기반 경제를 성장시키면서 윤택한 삶을 얻은 사람들과 메뚜기떼의 습격으로 굶주리는 사람들이 같은 '인류'로 묶일 때 책임은 희석되고 원인은 모호해진다. '하여튼 인간이 문제'라며 혀를 끌끌 차고 나면 기후 위기는 불가역적 숙명이 되고 만다.

부인할 수 없는 이상 기후에 짜증이 날 때, 비난하기 좋은 사람들이 있다. 전용기를 타고 기후 연설을 하러 가는 백만장자보다,

요리할 공간도 시간도 없어 일회용기에 담긴 배달 음식을 주문하는 청년이 계도의 대상이 된다. 선진국에서 수입된 쓰레기를 노상에서 태우는 인도네시아의 마을, 유럽에서 운행이 금지된 노후 경유차를 수입해서 매연으로 뒤덮인 나이지리아의 도로는 세계 환경 오염의 주범으로 손가락질을 받는다. 배출량으로는 보잘것없는 우리가 서로의 무관심과 몰지각함을 지적하는 동안, 정부가 용인하고 산업계가 실행하는 막대한 배출량은 '어쩔 수 없는 일'로 비난을 피해 간다.

게다가 탄소 배출과 플라스틱 오염으로 평판이 훼손될 위기에 처한 글로벌 기업들은 '재활용'과 '탄소 발자국'이라는 개념을 만들어 환경 오염의 책임을 상당 부분 소비자에게 떠넘기는 데 성공했다. "그래서 무엇을 사야 하나요?", "어떻게 버려야 하나요?"라는 질문은 곧 우리 자신, 소비자가 문제라는 생각에서 기인한다. 모두가 지붕에 태양광 패널을 설치하고, 자전거로 출퇴근을 하며, 텀블러에 개인 수저까지 들고 다니는 '지속 가능 인재'가 될 수도 없고, 된다 한들 화석 연료를 계속 태우며 생산, 소비, 폐기량을 매년 높이는 시스템을 바꾸지 않고서는 기후 위기를 막을 수 없다.

죄책감에 시달리지 말고 우리의 몫만 나눴으면 좋겠다. 그러려고 세금도 내고 물건 값도 내는 것이니까. 나 하나 일회용 컵을 쓰지 않는다고 뭐가 바뀌겠냐고? 맞는 말이다. 개인이 잘 소비하고 아껴 썼다면 지구가 아프지 않았을 거라는 말은 믿지 않는다. 그러니 일회용 플라스틱을 쓰는 것이 불편하고 어색해지도록 사회를 바꿀 것을 납세자로서, 소비자로서 요구해야 한다. 서명과 집회에 머릿수를 보태고 SNS의 글을 공유하고 투표하는 편이 효율이 더 낫다. 화석 연료 발전과 플라스틱 제조 산업에 세금으로 막대한 보조금을 지급하면서 개개인의 실천으로 기후 위기를 막을 수 있다는 캠페인에 더는 속아주고 싶지 않다. 우리의 기여와 책임은 결코 동등하지 않다.

얼어 죽겠는데
무슨 지구 온난화

"우리나라는 좀 따뜻해지면
좋은 거 아니야?"

"아름다운 중서부 지역의 체감 온도는 영하 60℃(섭씨 영하 51℃)에 달하는데, 이는 역대 가장 추운 날입니다. 심지어 더욱 추워질 것으로 예상됩니다. 밖에서 단 몇 분도 버티기 힘들어요. 지구 온난화에게 도대체 무슨 일이 일어난 거죠? 제발 빨리 돌아오세요. 우리는 당신이 필요해요!"

일리노이를 비롯한 미국 중서부에 역대급 한파가 몰아친 2019년 1월, 도널드 트럼프Donald Trump 대통령은 지구 온난화를 애타게 찾는 발언으로 기후 변화를 조롱했다. 혹한으로 학교와 공장이 문을 닫고, 저체온증과 눈길 교통사고로 사람들이 죽어가던 때였다. 정부 기관의 웹사이트에서 '기후 변화', '지구 온난화'를 꾸준히 삭제해 온 그는 자신이 옳았다는 증거라도 찾은 듯 의기양양했다. 그런데 그런 생각, 트럼프만 했을까? 롱패딩을 입어도 어깨가 시린 날, 가방 속 이어폰을 찾으려 장갑을 벗었더니 손가락이 떨어져 나갈 것 같았다.

"우리나라는 좀 따뜻해지면 좋은 거 아니야?"

세상이 뜻대로만 흘러가면 좋으련만. 같은 시기, 호주의 애들레이드Adelaide는 기온이 46℃까지 치솟았다. 미국 중서부가 역대 최저 기온을 갱신하는 동안 호주 남부는 역대 최고 기온을 갱신하며 펄펄 끓어오른 것이다. 가뭄에 야생 동물들이 물을 찾아 호수와 목장으로 몰려들자 목축업자들은 총을 들었다. 호주 정부는 목말라 죽어가는 낙타 5,000마리를 긴급 살처분해야 했다.[29] 타들어 가는 들판에는 낙타 썩는 냄새만이 남았다. 지구 온난화의 안부를 걱정하던 트럼프 대통령의 진심이 반만 통한 것일까? 2024년에도 호주는 폭염과 대형 산불로 비상 경보가 발령됐고, 미국은 한파로 일주일에 80명이 넘는 사망자가 발생했다.[30] 얼어붙은 미국과 펄펄 끓는 호주는 어느새 1월의 일상이 되었다. 겨울은 춥고 여름은 더운 것을 넘어 '날씨가 미쳤나?' 싶은 날들의 연속, 기후는 변하고 있다.

기상청의 정의에 따르면, 날씨는 시시각각 바뀌는 대기의 상태, 기후는 장기간에 걸쳐 나타나는 대기의 종합 상태다. 날씨가 상황에 따라 변하는 기분이라면, 기후는 환경이나 유전에 의해 형성되는 성격 같은 것이라고 한다. 지구가 심한 일(가령 온실가스 배출량 증가)을 많이 겪으면서 자주 화를 내고 울다 보니 기분을 넘어 성격이 바뀌어 버린 것이다. 그러니 겨울의 어느 날 '강추위'라는 날씨에 놀라 '지구 온난화'라는 기후의 변화를 부정해서는 안 된다.

지구 온난화는 겨울을 따뜻하게만 만들지 않는다. 기상학자들은 가뭄뿐만 아니라 혹한도 온난화의 결과라고 분석한다. 몇 년 새 우리나라에서는 '시베리아 칼바람' 대신 '북극 한파'가 겨울 추위의 대명사가 되었는데, 한반도와 미국 북서부의 기습 한파는 불안정한 북극 대기 상황에서 기인한다는 공통점을 지닌다.

겨울철 북극 상공의 약 10~50km에는 강력한 '극 소용돌이 polar vortex'가 발달한다. 정상적인 상태라면 극 소용돌이는 대류권의 편서풍인 제트기류에 둘러싸여 극지대에 머무르며 차가운 공기를 가둬놓는다. 그런데 극 소용돌이가 흐트러지고 제트기류가 남하하면서 북반구의 미국, 유럽, 아시아까지 북극의 차가운 공기가 풀려버린 것이다. 빠르게 회전하며 제자리를 지키던 극 소용돌이는 속도가 느려진 팽이처럼 휘청대다 무너져버렸다. 미국 해양대기청NOAA에 따르면, 극 소용돌이의 움직임을 불안정

하게 만든 것은 바로 북극 성층권의 온난화였다.[31]

 게다가 북극은 지구의 다른 지역에 비해 4배 빠르게 가열되고 있다.[32] 북극의 제트기류는 중위도 지역과 북극의 기온 차이가 클 때 강한 세기를 유지한다. 그러나 북극의 온난화로 북극과 중위도 지역의 기온 차가 줄어들자 약해진 제트기류는 구불구불한 형태로 하강하기 시작했다. 그 결과 휘어진 제트기류가 내려온 쪽에는 한파가, 올라간 쪽에는 남쪽의 뜨거운 공기가 몰리며 이상 고온 현상이 나타나게 된 것이다. 기상학자들은 제트기류의 약화로 극단적 기후 현상이 빈번해질 것을 우려하고 있다. 북극 한파로 위도가 비슷한 한반도가 꽁꽁 어는 동안 서유럽에서는 스키장의 눈이 녹아버리는 세상이 온 것이다.

 2023년 우리나라는 역대 가장 따뜻한 겨울을 보냈다. 그런데도 포근해서 겨울을 잘 났다는 소리가 들리지 않는 건 왜일까? 수온이 높아진 북인도양에서 따뜻하고 습한 남풍이 불어와 12월 초는 이상하리만치 축축하고 따뜻했다. 서울의 낮 기온은 16℃까지 올라 여의도 국회에는 개나리가 피어버릴 정도였다. 게다가 12월 강수량은 역대 최고인 103mm로 평년의 4배에 달했으니 출근길에는 패딩보다 우산을 챙기는 편이 나았다.[33] 그런데 12월 22일 아침에는 서울 기온이 영하 14℃까지 내려가 보름새 기온이 30℃가량 널뛰었다. 예년보다도 5℃ 이상 낮은 냉동고 한파가 이어지자, 북인도양 이야기는 쏙 들어가고 북극의 제트기류가 다시 일기예보의 화두가 되었다. 역시 하나만 하면 기후 변화가 아니지.

툰베리 말이 맞나, 트럼프 말이 맞나 오락가락한 요즘 겨울 날씨는 지구 전반에 걸쳐 대기와 해수의 흐름이 바뀌었다는 기후 변화의 증거다. 차가운 시베리아 고기압과 따뜻한 고기압이 번갈아 지나가며 삼한사온의 예측 가능성을 보이던 겨울은 옛 추억이 되었다. 겨울철의 평균 최저 기온은 계속 상승하는데, 동시에 얼어 죽는 사람들도 늘어난다. 기후 변화는 손을 덜 시리게 하는 게 아니라 장갑도, 우산도, 가을 점퍼도 모두 필요한 이상한 겨울을 만들고 있다.

스스로 못하는
어른이

**"인간 활동의 흔적은
자연에 고스란히 축적되고 있었다."**

"자기의 일은 스스로 하자. 알아서 척척척, 스스로 어린이."

어린 시절 참 많이 들었던 학습지의 광고 음악이 아직도 잊히지 않는 건 신나는 멜로디 때문만은 아니다. 자기 일만 잘하면 된다는 것은 시대의 덕목이었다. 다른 일에 신경 쓰지 말고 자기 일이나 알아서 잘하면 각자의 역할이 모여 세상은 잘 돌아간다는 어른들의 말을 믿고 나는 열심히 공부했다.

'스스로송'이 나온 후 30년이 흘렀지만 세상이 그리 바뀐 것 같지는 않다. 학생의 본분은 공부이며, 기후 위기나 환경 문제에 목소리를 높이는 청소년들은 "하라는 공부는 안 하고!"로 시작해 "어른들 일에 왜 나서냐?"로 이어지는 호통 속에 끊임없이 의도를 의심받는다. 그런데 그 어른의 일, 우리가 잘하긴 했을까? 잔소리 듣기 전에 알아서 척척 했으면 좋았을걸. 그건 그렇고, 각자 할 일만 잘하면 대기가 기특하다고 우리가 축적한 탄소를 눈감아 줄까? 소비자는 소비를 척척, 기업은 생산을 척척, PD는 프로그램을 척척. 그렇게 각자 자기의 일을 열심히 하다가 2050년쯤 서로 먹살 잡는 일이 없어야 할 텐데.

  복잡한 사회를 전부 이해할 수는 없지만 어쨌든 내 일만 하면 세상은 굴러간다고 믿고 살았다. 잔뜩 만들어도 쓰는 사람과 기술이 있으면, 그걸 흔적도 없이 처리해 주는 사람과 기술도 있을 거라 생각했다. 세상에 나보다 똑똑한 사람들이 얼마나 많은데 그것도 계산 안 하고 일을 벌였겠냐는 믿음이었다. 그도 그럴 것이 내가 떠올린 기똥찬 아이디어는 방송 프로그램으로 나와 있지 않은 적이 없었다. 있으면 참 좋겠다고 상상한 물건은 이미 누군가 만들어 쿠팡에서 팔고 있었다.

  그래서 안심했다. 쇼핑몰에 가면 사이즈도 색깔도 밑단 모양도 전부 다른 청바지가 수십 벌씩 걸려 있어도, 전부 어딘가에서 팔리거나 연기도 없이 싹 녹아 재활용될 줄 알았다. 마트의 초밥 세트가 안 팔려도 누군가 잘 분류해서 필요한 사람에게 가져다 줄 거라 생각했다. 매년 신상 스마트폰이 쏟아져도 기업들이 어런히 알아서 지속 가능한 방식으로 생산하고 있을 거라 믿었다. 미세 플라스틱과 폐수가 강과 바다로 흘러 들어가도 지구는 넓으니 돌고 돌다 보면 깨끗이 정화될 거라고 마음을 놓았다. 나보다 훨씬 똑똑한 사람들이 이미 대책을 세웠을 테니 주제 파악하고 회사나 열심히 다니려 했다. 요즘 기술로 안 되는 게 어딨어? 그런데 그런 마법은 없었다. 인간 활동의 흔적은 자연에 고스란히 축적되고 있었다.

지구상에 존재하는 동식물 800만 종 가운데 100만 종이 멸종 위기에 처했다.[34]

산림 벌채로 1분마다 축구장 10개 면적의 숲이 사라진다.[35]

단 30년 만에 전 세계 산호초의 절반이 사라졌다.[36]

지구 표면의 흙은 자연적으로 보충되는 속도보다 100배 빠른 속도로 침식되고 있다.[37]

매년 약 1,100만 톤의 플라스틱이 바다로 흘러 들어가고[38] 해양 쓰레기의 85%는 플라스틱이다.[39]

요즘 내 인스타그램 피드에는 하루가 멀다 하고 '바이 바이 플라스틱Bye Bye Plastic' 챌린지 게시물이 뜬다. 환경 관련 계정들을 팔로우했더니 알고리즘이 내가 좋아할 줄 알고 보여준 콘텐츠다. 공공기관, 기업의 높으신 분들이 활짝 웃는 얼굴로 손을 흔드는 영상에 'Bye Bye Plastic'이라는 문구가 발랄하게 떠 있는 이 챌린지는 환경부가 일회용품 사용 절감을 위해 시작한 캠페인이다. '안녕bye'이라는 의미로 양손을 흔드는 동작을 촬영해서 해시태그와 함께 게시하고 다음 참여자를 지목하면 된다.[40] 플라스틱과 '바이 바이' 하겠다는 환경부가 일회용 컵 보증금 제도를 무기한 유예하면서 시작한 챌린지이니 부디 과학적 효과가 있으면 좋겠다. 그러나 분명히 말할 수 있는 건, 알고리즘은 내가 좋아하는 것을 떠먹여 주는 데 실패했다.

똑똑한 사람들이 어련히 바람직한 선택을 할 거라는 믿음도 틀렸다. 세계 최대의 석유·가스 기업인 엑슨모빌ExxonMobil은 이미 1970년대에 화석 연료가 기후 변화에 미치는 치명적인 영향을 정확히 예측했다. 당시의 추세라면 10년마다 기온이 0.2℃씩 오를 것이라고 예상한 내부 보고서가 발견된 것이다.[41] 1988년 미국항공우주국NASA이 의회에서 지구 온난화를 처음 공론화한 것보다 11년이나 앞선 엑슨모빌의 보고서는 거의 그대로 현실이 됐다. 그러나 그 훌륭한 연구를 세상이 알지 못하게 숨긴 채 엑슨모빌의 경영진은 인간 활동과 기후 변화의 과학적 연관성을 부인하는 데 수십 년을 허비했다.[42] 엑슨모빌은 1998년부터 2005년까지 기후 변화에 의문을 제기하는 활동을 위해 최소 43개 조직에 1,600만 달러를 지원했다.[43] 2006년이 되어서야 엑슨모빌은 화석 연료가 기후 변화를 유발한다는 사실을 공개적으로 인정했지만, 기후 위기를 부정하기 위한 로비와 연구 지원은 멈추지 않았다.[44] 하버드대학교 연구팀에 의하면, 엑슨모빌은 기후 변화로 인한 최악의 시나리오를 피하기 위해 감축해야 할 배출량의 합리적인 추정치도 가지고 있었다.[45] 하지만 똑똑한 사람들은 기후 변화를 막기보다 화석 연료 생산으로 수익을 올리는 '자기의 일'을 열심히 했다. 이렇게 각자 자기의 일만 알아서 척척 하도록 내버려두면? 기온도 척척 올라갈 수밖에.

어른들은 쓸데없는 걱정 할 시간에 공부나 열심히 해서 엑슨모빌 같은 곳에 취직해야 한다고 가르치겠지만, 아이들은 다 안다. 똑똑한 어른들은 21세기 말 세상이 어찌 되든 크게 관심 없다는 걸. 눈앞의 접시밖에 볼 줄 모르는 건 아이들이 아니라는 걸. 그 어른들은 기후 위기를 부정해도 여생을 풍요롭게 살다 떠나면 그만이라는 걸 남겨질 아이들이 모를까?

한가한 소리
하지 말라는 한가한 소리

"모든 0.1℃가 유의미하다."

나는 노력의 가성비를 따지기 좋아한다. 환경을 위해 고양이 손을 보태는 데 관심이 없던 것도 그런 마음에서였다. 어차피 지구가 못 살 곳이 된다면 쓰레기를 줍는 대신 더 늦기 전에 소고기나 많이 먹고 새 차를 운전하며 재밌게 사는 것이 이득 아닐까?

그러나 기후 문제는 OX 퀴즈나 복불복 게임이 아니다. 스톱stop이 가능한 고스톱 게임도 아니며, 생각대로 풀리지 않는다고 판을 깨고 나올 수도 없다. 귀가 따갑도록 들어온 1.5℃의 선을 넘는다고 해서 갑자기 지구가 폭발하지 않는다. 이는 설마 세상이 끝장나겠냐는 안일함을 낳는다는 점에서 불행인 동시에, 어쨌거나 우리는 살아갈 것이라는 점에서 다행이기도 하다.

유엔환경계획UNEP은 지금의 추세라면 이번 세기 내 기온이 최저 2.6℃, 최고 3.1℃ 오를 것이라 발표했다.[46] 주목해야 할 점은 모든 0.1℃가 유의미하다는 것이다.[47] 인간의 체온이 그렇듯 지구의 기온은 같은 값의 온도 상승이라도 구간에 따라 현저히 다른 영향력을 가진다.[48] 기온이 1℃에서 2.5℃로 오르는 것과 2.5℃에서 4℃로 오르는 것은 같지 않다.

산업화 대비 기온이 1.5℃ 상승하면 4,600만 명의 거주지가 물에 잠기고 3억 5,000만 명이 가뭄으로 물 부족을 겪게 된다. 2℃ 오르면 23억 명, 3℃ 오르면 32억 명이 치명적인 열과 습도에 노출되고,[49] 4℃가 오르면 남극과 그린란드의 빙상이 녹아 전 세계 모든 해안 도시가 물에 잠기는 동시에 40억 명이 물 부족에 시달릴 것으로 전망된다.[50]

즉 1.5℃라는 목표 달성이 어렵다고 손을 놓은 채 3℃가 오르게 두는 것보다는 1.6℃, 그게 아니면 2.5℃라도 노리는 것이 편안한 여생을 위한 합리적인 선택이다. 모든 순간, 모든 선택이 모여 우리는 기후 위기에 대응하는 제도와 인프라를 구축할 시간을 벌 수 있다. 온난화가 심해질수록 재생 에너지 전환, 탄소 포집과 같이 기온 상승을 억제하는 기술도 발전해 갈 것이다. 그러니 우리는 지구를 조심스럽게 관리하며 살아 남아야 한다. 마참내 2080년쯤 기후 문제를 해결할 엄청난 과학 기술이 완성된다고 해도 최대한 많은 사람들이 안전한 환경에서 교육을 받고 여행도 다니며 살아 있어야 함께 만세를 부를 수 있다.

대부분의 나라에서 보수적인 정당은 환경 문제에 적극적인 목소리를 내지 않는다. 기존 삶의 방식, 경제 시스템을 유지하고 사회를 안정적으로 운영하는 것을 중요시하는 사람들에게 환경 운동은 급진주의자의 선동, 경제 활동도 안 해본 자들의 딴지 또는 호들갑으로 여겨지는 듯하다.

하지만 오늘만 살던 대로 살면 무슨 소용일까. 예측 가능한 사회에서 노력의 합당한 대가를 받아 자산을 축적하길 꿈꾸는 수많은 사람들에게 기후 변화는 인생의 가장 악독한 변수가 될 가능성이 높다. 앞으로 10년은 더 살 것이라는 가정하에, 나는 보수적인 입장에서 적극적인 기후 행동의 필요성을 절실히 느낀다. 아무것도 하지 않으면 아무 일도 일어나지 않는 것이 아니라 더욱 큰일이 일어날 수밖에 없기 때문이다.

지금처럼 탄소를 배출하면, 세기말에는 해안 침수로 세계 GDP의 20%에 이르는 자산이 사라질 것으로 전망된다.[51] 세계 2위의 재보험사 스위스리SwissRe는 기온이 3.2℃ 상승할 경우, 2048년 한국의 GDP 손실이 12.8%에 달할 것으로 예측했다.[52]

어제, 오늘과 같은 내일을 살다 보면 2050년 온열 질환과 관련된 사회적 비용은 96조 원으로 2011년의 100배가 된다.[53] 파산 각이다. 경제가 중요하니 환경 보호 같은 한가한 소리 하지 말라는 말이 정말 한가하게 들리는 이유다.

손실은 이미 발생하고 있다. 2024년 국내 농작물 재해보험 가입자에게 지급된 보험금은 1조 271억 원이었는데,[54] 10년 만에 8배가 증가한 액수다.[55] 농업인의 손실 보상을 위해 정부가 지원하는 이 보험은 집중호우, 폭염 등 자연재해가 심각해지면서 해마다 최대 지급액을 경신하고 있다. 한편 미국에서는 가뭄으로 면 농사를 망친 2022년, 생리용품과 면 기저귀 가격이 약 20% 상승했다. 닐슨IQ의 부사장 니콜 코벳Nicole Corbett은 극단적인 기후로 인한 생산 차질로 생필품 가격이 지속적으로 상승할 것이라 전망했다.[56]

IPCC의 과학자들이 확언한 바와 같이, 지금의 급속한 온난화는 자연적 현상으로 설명될 수 없다.[57] 그러나 원인이 인간에게 있다는 것은 뼈아픈 사실인 동시에, 앞으로 얼마나 더 나빠질지를 우리가 조절해 나갈 수 있다는 뜻이기도 하다. 적어도 우리는 기후 변화가 인재人災라는 공감대가 형성된 시대에 살고 있고, 파국의 기온 상승을 막을 수 있는 약간의 시간을 갖고 있다.

나는 이 기회를 제대로 쓰고 싶고, 환경을 진심으로 보살피는 이들의 목소리를 퍼뜨리는 데 힘을 보태고 싶다. 여기서 진심이란 따뜻한 마음 같은 것이 아니라, 문제를 정확히 진단하고 효과가 검증된 대책에 시간과 돈을 집중하는 진지한 자세다. 기후 난민이 몰려오는 시기를 늦추고 싶다면, 기후 시위꾼이 떠드는 소리를 낮추고 싶다면, 먼 동네의 수해 복구에 걷잡을 수 없이 많은 세금이 투입되는 게 아깝다면, 장사가 잘될 때 국제 식량 가격 급등이나 전염병이라는 변수를 맞닥뜨리고 싶지 않다면, 환경에 관심을 갖는 것이 이득이다.

지구는 앞으로도 몇억 년이고 지속 가능하다. 화성에 갈 돈이 없는 우리의 안온한 삶만이 지속 가능하지 않을 뿐이다. 2050년만 되어도 물에 잠기지 않고 너무 덥지도 않은 지역은 훨씬 희소해질 것이고, 가뭄과 식량난이 촉발한 분쟁에서 멀리 떨어져 제철 먹거리를 식탁에 올리는 일은 사치가 될지 모른다. 60대가 되어 살아낼 2050년이 얼마나 더울지, 그 때문에 얼마나 많은 사람들이 건강과 재산을 잃을지 생각하면, 아직 오지 않은 그 여름이 벌써 버겁게 느껴진다.

우리는 지구와 유병 장수할 운명이다. 미래 세대를 걱정하는 아름다운 마음까지 갈 것도 없다. 내가 늙어서 조금 편하면 좋겠다. 단지 그런 마음이다.

모두가
한국인처럼 산다면

"나 하나 바꾼다고 뭐가 달라지겠냐."

2023년은 관측 역사상 가장 더운 해였다.[58] 2024년은 그 기록을 깼다. 또 하나 깨버린 것이 있었으니, 기후 변화의 마지노선으로 여겨지던 '1.5℃'의 벽이다. 2015년 유엔기후변화협약 당사국총회COP21에서 각국 대표들은 산업화 이전(1850년~1900년) 대비 기온 상승을 1.5℃ 이하로 제한하자는 이른바 '파리기후협약'을 맺었다. 2024년 지구의 평균 기온은 산업화 이전보다 1.55℃ 높았다.[59]

2024년은 '1.5℃'의 선을 넘은 첫해다. 이를 공식 발표한 날, 안토니우 구테흐스Antonio Guterres 유엔사무총장은 "지구 온난화는 냉정하고도 확실한 사실"임을 강조했다.[60] 온난화를 판단할 때 측정 대상은 10년 이상의 장기간에 걸친 평균 기온으로, 한 해의 기록만 보고 협약의 실패를 단언할 수는 없다. 그러나 작년보다 더운 올해가 더 이상 놀랍지 않은 상황에서 앞으로의 추세에 반전을 기대하기란 썩 쉽지 않아 보인다. 2023년과 2024년만 이상한 것이 아니었다. 최근 10년은 역대 가장 더운 10년이었다.[61]

그러나 기후 과학자 지크 하우스파더Zeke Hausfather는 이러한 사실들이 온난화가 예상보다 빠른 속도로 진행되고 있다거나, 최악의 시나리오를 피하기에 너무 늦었다는 것을 의미하는 건 아니라고 말한다. 지금 일어나는 일들은 IPCC의 기후 모델과 일치하는 예상된 결과일 뿐이라는 것이다.

"기후 모델은 탄소 배출을 순 제로(탄소 배출량과 탄소 흡수·제거량이 같아져 순 배출량이 '0'이 되는 상태)로 낮추면 온난화가 거의 멈출 것이라는 사실을 일관되게 발견했습니다. 그 시점 이후에는 불가피한 온난화나 추가적인 온도 상승은 없습니다. 물론 강대국들이 우리가 배출하는 것보다 더 많은 양의 이산화탄소를 대기에서 제거하기 위한 대대적인 노력에 동참하지 않는 한, 지구는 수 세기 동안 냉각되지는 않을 것입니다. 그러나 이는 기후변화의 잔인한 수학이며, 우리가 배출량을 크게 줄이기 위한 노력에 속도를 내야 하는 이유입니다. 그런 면에서 조심스러운 희망을 품을 만한 이유가 있습니다. 세계는 청정 에너지 전환을 눈앞에 두고 있습니다. 국제에너지기구IEA는 10년 전 약 3,000억 달러가 투자된 재생 에너지, 전기 자동차, 히트 펌프 등 청정 에너지 기술에, 2023년에는 무려 1조 8,000억 달러가 투자될 것으로 추산했습니다. 태양광, 풍력, 배터리 가격은 지난 15년 동안 급락했으며, 세계 대부분의 지역에서 태양광 발전은 현재 가장 저렴한 전력 공급원입니다. 우리가 배출량을 빠르게 줄인다면, 온난화가 가속화되는 세계에서 느려지는 세계로 전환할 수 있습니다. 결국 우리는 온난화를 완전히 멈출 수 있습니다. 기후 목표를 달성하기 위한 궤도에 오르려면 아직 갈 길이 멀고, 훨씬 더 많은 노력이 필요합니다. 그러나 지난 10년 동안 우리가 이룬 긍정적인 조치가 진보는 가능하며 절망은 오히려 역효과를 낳는다는 사실을 일깨워 줍니다."[62]

절망하지 않고 환경 잔소리를 견딘 덕분에 우리는 최악의 시나리오에서 거의 벗어났다. 2010년대 초만 해도 이번 세기말에 기온이 4℃ 상승할 수 있다고 여겨졌으나, 현재 그 가능성은 매우 희박한 것으로 간주된다.[63] 즉 우리가 사는 지구를 얼마나 살 만한 곳으로 유지할지는 우리 하기 나름인 것이다.

국제에너지기구에 의하면 2023년 세계 탄소 배출량은 전년보다 1.1% 증가했다. 평균 기온과 마찬가지로 탄소 배출량도 역대 최고를 경신했지만, 전문가들은 이 숫자에서도 희망을 보았다. 선진국 그룹(OECD 회원국, 불가리아, 크로아티아, 키프로스, 몰타, 루마니아)의 GDP가 1.7% 성장하는 동안 탄소 배출량은 오히려 4.5% 감소한 것이다. 이들 나라의 탄소 배출량은 50년 전인 1973년보다 낮았다. 이러한 급격한 감소는 세계대전, 팬데믹, 글로벌 경제 위기를 제외하면 일어나지 않던 일이다. 특히 유럽연합의 경우, 1990년보다 경제 규모는 66% 커졌지만 탄소 배출량은 30%나 줄었다.[64]

선진국 그룹의 배출량 감소에 크게 기여한 요인으로는 34%의 점유율을 달성한 재생 에너지가 꼽혔는데, 이 나라들의 석탄 수요가 1900년 수준으로 떨어졌다는 믿기 힘든 사실이 이를 뒷받침한다. 환경 잔소리는 쓸데없는 게 아니었다. 플로깅이 지구를 구할 수는 없지만, 환경을 위해 뭐라도 하겠다는 시민들이 점차 많아진다는 사실은 세계의 기업과 지도자들이 더 나은 선택을 하도록 압박하는 효과를 가진다. 기후 집회에 구름 같은 인파가 몰려들고 일회용품 없는 마라톤이 흥할수록, 국회는 기후 과학자들의 목소리에 더욱 귀를 기울일 수밖에 없다. 이는 더 나아가 우리의 세금이 화석 연료 보조금이 되기보다 재생 에너지를 저렴하게 보급하는 데 쓰이게 하고, 탄소 배출을 줄인 제품을 선제적으로 생산하는 것이 기업의 성공 전략이 되게 만든다. 제로 웨이스트 가게를 찾는 사람이 충분히 많아지면, 대기업도 친환경 수요에 대응한 제품과 서비스를 확대할 수밖에 없다. 그런 날이 오면 환경에 관심 없는 사람에게도 친환경 제품은 저렴하고 구하기 쉬운 실용적인 선택지가 될 것이다.

나 하나 바뀐다고 뭐가 달라지겠냐며 친환경 실천의 효과를 미심쩍어하는 분들에게 드리고 싶은 말씀이 있다. 방송사에서 일하는 나는 서로 일면식도 없는 사람들이 한 아티스트를, 콘텐츠를 좋아하면서 벌어지는 엄청난 일들을 자주 목격한다. 〈뮤직뱅크〉에 출연하는 최애를 가까이서 보려고 전날부터 노숙을 감행하는 팬들, BTS 영국 콘서트를 가기 위해 연차를 쓰는 동기, 그 동기마저 예매에 실패한 임영웅 콘서트의 뜨거운 '피'켓팅을 보면 알 수 있다. 이제부터 친환경 생활을 '덕질'해 보는 건 어떨까? 친환경은 이미 전 세계적으로 대세가 되어가니 덕질의 난이도도 낮다. 덕질 콘텐츠를 찾아 헤맬 필요 없이 일회용품 사용하지 않기, 대중교통 이용하기, 고기 덜 먹기, 서명하기, 환경 행사 참여하기부터 시작하면 된다. 팬이 많아질수록 누구도 우리의 최애를 감히 무시하지 못할 것이다.

나의 모든 다큐멘터리에 "우리가 아무리 애써 봤자 중국, 인도 때문에 지구는 망한다"는 댓글을 다는 분들의 마음도 십분 이해한다. 인구 대국인 두 나라의 기후 대응은 지구에 큰 영향을 미칠 수밖에 없어 주시할 필요가 있다. 동시에 두 나라의 자원 사용량과 탄소 배출량은 각각 14억의 인구가 살아가는 몫이라는 것을 잊지 말아야 한다. 중국의 1인당 탄소 배출량은 8.4톤으로 11.2톤인 우리나라보다 여전히 낮고, 인도는 2.1톤으로 세계 평균인 4.7톤의 절반에도 미치지 못한다.[65]

탄소 배출만이 아니다. 우리나라의 1인당 일회용 플라스틱 소비량은 44kg으로 호주와 미국에 이어 3위다. 반면 중국은 18kg, 인도는 4kg에 그친다.[66] 게다가 재생 에너지 점유율이 8.5%로 OECD 최하위권인 우리와 달리 중국과 인도는 선진국 수준의 에너지 전환으로 탄소 감축에 나서고 있다.[67] 우리가 아무리 환경을 보호한들 중국, 인도가 안 바뀌면 소용없다는 생각이 든다면 반대로 생각해 볼 때다. 중국인 14억 명과 인도인 14억 명이 우리만큼 탄소를 배출하고 플라스틱을 쓴다면 어떻게 될까?

여전히 우리나라를 비롯한 선진국의 1인당 탄소 배출량은 세계 평균보다 70% 높다.[68] 절대적 빈곤 상태에서 벗어나기 위해 상대적으로 높은 배출량을 유지할 수밖에 없는 나라들을 손가락질하기 전에 우리가 할 일을 해야 하는 이유다. 같은 선진국 그룹에 있는 유럽연합의 1인당 배출량이 2000년 8.6톤에서 5.4톤으로 줄어든 동안, 우리나라는 오히려 9.4톤에서 11.2톤으로 늘었다. 같은 기간 미국은 21.4톤에서 14.3톤으로, 일본 역시 10톤에서 8톤으로 1인당 배출량을 줄였다.[69]

전 세계 33억이 이미 기후 변화에 매우 취약한 상태에 놓여 있다.[70] 대부분 동남아시아, 아프리카에 거주하는 이들은 재해에 대응할 자원이 부족하여 극심한 기후 현상이 빈번해지면 큰 고통을 겪는다. 탄소를 줄여야 하는 건 이들이 아니다. 오히려 적절한 냉난방, 상하수도 시설, 도시 인프라를 갖추기 위해 탄소를 더 배출해야 하고, 그 배출량은 이들의 정당한 몫이다. 최소한의 인간다운 삶을 위해 이들 국가에서 경제 활동과 에너지 소비 증가가 불가피하다는 것에는 의심의 여지가 없다.

캄캄한 새벽, 유럽에서 수입한 찌그러진 승합차에는 20명의 청소 노동자들이 타고 있었다. 그들이 내린 곳은 내가 취재차 묵고 있던 콩고민주공화국 킨샤사Kinshasa의 호텔이었다. 2시간이 걸려 일터에 도착한 사람들은 비닐 포장된 스낵과 페트병에 담긴 콜라로 요기를 했다. 그 사람들에게 왜 자전거를 타지 않냐고, 왜 텀블러를 들고 다니지 않냐고 할 수는 없다. 환경 보호에 대한 개념조차 없다며 종종 비난받는 그들은 에어컨 아래에서 이 글을 쓰고, '용기내' 냄비에 담아온 케이크를 양문형 냉장고에 넣어둔 나보다 탄소를 훨씬 덜 배출하며 살고 있다. 콩고민주공화국의 1인당 탄소 배출량은 0.1톤이다. 우리나라는 11.2톤이니 그 100배를 웃돈다. 이제 우리의 숙제를 해야 할 차례다.

아파도 싼 사람들

"그건 공정이 아니다."

더워도, 추위도 웬만하면 걸어서 출근하는 편이다. 집을 나선 지 15분이면 영등포와 여의도를 잇는 다리에 다다르는데, 그때부터는 고개를 들고 오른쪽을 바라보며 걷는다. 다리 아래 펼쳐진 샛강생태공원과 멀리 보이는 관악산을 눈에 담고 싶어서다.

늦봄 다리 위에서 바라본 샛강은 작은 개천이라기보다 초록 물결이 넘실대는 너른 바다다. 그 위를 천천히 걷다 보면 밤새 더 푸르러진 나무들이 오늘도 힘내라고, 아직 살 만한 세상 아니냐고 응원을 해주는 것만 같다. '차로 5분컷'의 편리함을 포기하는 대신 나는 매일 아침 나무들의 파도타기 응원을 받으며 출근한다.

밀린 일이 많고 피곤한 날일수록 나는 숲을 더욱 깊이 바라본다. 나무를 바라보기만 해도 건강에 좋다는 걸 〈생로병사의 비밀〉을 제작하며 배웠기 때문이다. 산림 치유에 관한 고전으로 꼽히는 로저 울리히Roger Ulrich 박사의 연구에 의하면, 창밖으로 나무가 보이는 병실의 환자들은 벽이 보이는 병실의 환자보다 수술 후 회복 속도가 유의미하게 빠른 것으로 나타났다. 나무를 그저 눈으로 보았을 뿐인데 환자들의 진통제 요청 횟수는 적었고 입원 기간도 짧았다.[71]

일의 능률과 직원 복지를 위해 사무 공간을 숲처럼 가꾼 기업들도 있다. 구글Google 노르웨이는 직원들의 시선이 닿는 모니터 너머의 벽을 녹색 식물로 가득 채우고 사무실 곳곳에 화분을 놓았는데, 식물벽을 설치한 후 직원들이 단기 병가를 내는 횟수가 역대 최저 수준으로 떨어졌다.[72]

아마존Amazon 본사의 일부인 '더 스피어스The Spheres'는 그 자체로 거대한 온실이다. 유리 돔 3개로 덮인 이 작은 '아마존' 내부에는 30개국에서 온 4만 개의 식물이 휴식 및 작업 공간과 어우러져 있다. 생물 다양성을 상징하는 200종의 식물벽은 4층까지 뻗어 있고, 가장 큰 나무의 높이는 20m에 이른다.[73] 아마존은 도시 생활로 잃어버린 자연과의 연결을 회복해 직원들의 창의성과 활력을 높이겠다는 포부를 밝혔다. 바깥은 영하인 시애틀의 겨울에도 더 스피어스의 실내는 온도 22℃, 습도 60%로 유지되며 열대식물은 특수 조명과 전담 원예팀의 관리를, 수조의 물고기는 동물행동학 박사의 보살핌을 받는다. 이렇듯 잘 가꿔진 파라다이스는 아마존 직원 복지의 상징이 되었다. 게다가 팬데믹 기간에는 직원들의 건강과 안전을 위해 광범위한 원격 근무가 실시되기도 했다.

그러나 아마존에서 일한다고 해서 모두가 그런 환경을 누릴 수 있는 것은 아니었다. 2020년 봄, 코로나19로 인한 셧다운으로 온라인 쇼핑 이용량이 폭증하면서 아마존은 그 어느 때보다 분주했다. 각 창고마다 근무자는 수천 명에 달했지만 손 소독제는 물론이고 마스크, 장갑조차 제대로 지급되지 않았다. 미국 전역의 아마존 창고에서 감염자가 속출하는데도 벨트는 멈추지 않고 돌아갔다. 손을 씻기 위해 창고를 가로질러 화장실까지 가는 시간은 근무 평가 요소로 기록되었다. 아마존 본사가 인간과 자연의 연결을 회복한 정글을 자랑스레 선보이는 동안, 창고의 직원들은 기침과 소변을 참으며 일해야 했다.[74]

뿐만 아니라 유급 병가가 없어 바이러스에 감염된 직원들도 계속 출근하는 위험천만한 상황이 이어졌다. 검사 결과가 양성이면 유급 격리가 가능했지만, 팬데믹 초기 미국에서는 정말 심하게 아프지 않으면 검사를 받기조차 어려웠다. 확연한 증상을 지닌 사람들이 계속 일을 하러 나왔고, 창고에서 수백 명의 동료들과 접촉했다. 누군가 어렵게 양성 결과지를 받더라도 접촉자들을 추적, 격리하는 시스템은 없었다.[75] 팬데믹으로 집에 갇힌 수많은 사람들에게 아마존이 구호 단체로 칭송받으며 역대 최고의 매출을 올리던 그때, 아마존 창고에서는 바이러스에 감염된 사람들이 물건을 포장해 미국 전역으로 보내고 있었다. 상당수의 미국인이 집에 머물라는 보건 지침을 따르는 동안, 그들은 안전하지 못한 환경에서 더욱 오랜 시간 일했다. 창고를 일시적으로 폐쇄하고 소독할 것을 앞장서 요구한 직원들은 해고당했다.[76]

어떤 이들은 말한다. 열심히 공부해서 좋은 회사에 취직하지 그랬냐고. 본사에서 일하는 사람과 같은 대우를 받는 것은 불공정하지 않냐고. 인생의 모든 시험에서 조금씩 뒤처질 때마다 벌칙과 다를 바 없는 가혹한 대우를 받는 것이 응당하다고, 그게 건강이든 수명이든 내놓는 게 마땅하다고 주장하는 사람들이 있다. 다시 어린 시절로 돌아가고 싶지 않을 만큼 노력한 끝에 지금 이 자리에 있지만, 내가 이룬 것의 90%는 사실 운이다. 나보다 더 간절히 노력했고 더 뛰어난 자질을 가졌지만 운이 좋아서 혹은 운이 나빠서 어떤 문을 통과하지 못하고 다른 삶을 사는 사람들을 안다. 그래서 나는 위험한 환경이 응당 받아야 할 정당한 처벌이 되는 것에 동의할 수 없다. 그런 대우를 감수해도 마땅한 사람은 없다.

현실적으로 모두가 같은 환경을 누릴 수 없다는 것도 알고 있다. 그러나 직원들의 아주 기본적인 건강과 안전을 위해 가용할 자원이 충분한 기업이 그 돈을 차라리 물고기 건강 관리에 쓴다는 것을 자랑할 때, 나는 아픈 사람의 편에 서고 싶다.

1980년대 한국에서 태어난 것만으로도 나는 80억 인구의 대부분보다 아주 운이 좋았다. 나이지리아의 도시 오군Ogun에서 만난 열두 살 소녀 아데니케는 안약 없이 외출하지 못했다. 가슴 통증으로 찾은 병원에서는 폐의 한쪽이 굳어버렸다는 진단을 받았다. 아데니케의 친구들도 모두 눈이 빨갛게 충혈됐고, 자주 기침을 했다. 아이들이 다니는 학교 바로 옆에는 글로벌 기업이 지은 전자 폐기물 처리 시설이 있었다. 해외에서 수입된 중고 전자 제품의 잔해를 소각하는 시설에서는 매일 탁한 연기가 뿜어져 나왔다.

구름 한 점 없이 햇볕이 뜨거운 날, 마을의 공기는 갈색빛이었다. 한바탕 소각이 시작된 듯 공장에서 집채만 한 연기가 뿜어져 나오자 숨 막히는 화학 물질 냄새에 인터뷰를 멈추고 가까운 집으로 뛰어 들어가야 했다. 마을 텃밭의 호박과 바나나에서는 수은, 카드뮴이 검출되었다. 환경보건학자 레슬리 아도가메Leslie Adogame 박사의 조사 결과, 마을 주민들은 한 명도 빠짐없이 모두 납 중독 상태였다.

아데니케는 그곳에서 태어나 자라고 학교에 다녔을 뿐이다. 유해 물질의 규제가 선진국처럼 촘촘하지 못한 나라, 그리고 그곳에서도 오염이 집중되는 마을에 태어난 것은 아이들의 잘못이 아니다. 고작 열두 살에 폐가 굳어버린 아이에게 노력을 덜 해서 이렇게 사는 것이 당연하다고 말할 수 있는 사람은 없다. 그건 공정이 아니다.

굳이 논문을 찾아 읽지 않아도, 자연을 가까이하면 건강에 좋다는 것을 우리는 안다. 푸른 하늘과 하얀 구름, 바람에 흔들리는 우거진 나무 사이로 퍼져나오는 달짝지근하고도 청량한 흙과 풀 내음, 이름을 알 수 없는 새의 지저귐을 싫어하는 사람이 있을까? 그것은 배우지 않아도 느낄 수 있는 보편적인 아름다움이다. 깨끗한 환경이 결코 취향일 수 없고, 그 속에서 누리는 안전한 삶이 특권이 되어서도 안 되는 이유다. 인간은 모두 똑같이 존엄하고 생명의 가치는 평등하다. 속으로는 미심쩍으면서도 우리는 아이들에게 그렇게 가르친다. 좀 아파도 괜찮고, 좀 더 빨리 죽어도 괜찮은 사람은 없다.

6장

딱 내 몫만큼의 지구

초여름엔 가뭄 특집,
늦여름엔 수해 특집

"이제 비 다 그쳤는데
나가서 뭐 합니까?"

KBS 시사 교양 PD 대부분은 신관 5층과 8층에 있다. 5층에는 〈걸어서 세계 속으로〉, 〈아침 마당〉과 같은 프로그램이 있고 8층에서는 〈추적 60분〉, 〈다큐 인사이트〉와 같은 시사, 다큐멘터리 프로그램을 담당한다. 나는 회사 생활 14년의 대부분을 5층에서 보냈다. 언뜻 보면 맛있는 것 먹고 좋은 곳 다니는 프로그램뿐인 것 같지만, 5층에 있다 보면 KBS가 공영 방송이라는 걸 잊을 수가 없다. 봄에는 산불 특집, 초여름에는 가뭄 특집, 늦여름에는 수해 특집 생방송이 거의 매년 편성되고, 한파가 몰아치는 연말이면 이웃 돕기 성금 방송이 찾아온다.

코로나19를 '코로나 십구'로 읽어야 할지 '코로나 일구'로 읽어야 할지 방침조차 없던 2020년 2월에는 코로나19 특집 생방송에 차출되기도 했다. 다들 꺼리는 특집을 두 달이나 하느라 고생했다는 말도 많이 들었지만 나는 그 일이 좋았다. 배식 봉사라도 나가야 하나 고민하던 시기, 이렇게나마 재난 상황에 힘을 보탤 수 있다는 것에 보람을 느꼈다. 게다가 당시 대구에는 2주째 집 밖으로 나가지 못하는 어머니가 계셨다. 간식 택배와 안부 전화 외에는 할 수 있는 게 없었던 나는 방송을 만들며 마음의 짐을 조금이나마 덜 수 있었다. 벚꽃이 지고 철쭉이 필 무렵, 확진자 수가 급감하며 특집 방송팀은 가벼운 마음으로 해단식을 가졌다. 나는 곧바로 〈생로병사의 비밀〉로 발령이 났다. 그리고 얼마 못 가 수해 특집 방송에 다시 차출되었다.

그해는 5월부터 유난히 더웠다. 마스크를 쓴 채 맞는 첫 여름은 숨이 턱턱 막혔다. 6월 초에 이미 서울의 낮 기온이 33℃, 대구는 37℃까지 치솟으며 역대 6월 평균 기온을 갈아 치웠다.[1] 땀을 뻘뻘 흘리며 야외 촬영을 다녔던 나는 봉고차에 타자마자 쓰러지듯 에어컨 송풍구에 머리를 들이밀곤 했다. 그런데 어떻게 된 일인지 7월은 서늘했다. 평균 기온은 오히려 6월보다 낮아져 그대로 여름이 끝난 것만 같더니 거의 매일 비가 쏟아졌다. 6월에는 더워서 촬영을 미뤄야 했는데, 7월에는 비 때문에 촬영이 줄줄이 취소되었다. 애석하게도 그 비는 그치지 않았고 중부 지방 기준 54일의 역대 최장 장마, 역대 최대 강수량을 기록하며 전국에 이재민 약 8,000명과 3만 4,000여 건의 시설 피해를 남겼다.[2] 그리고 나는 8월 둘째 주 〈수해 극복, 우리 함께〉 생방송에서 성금 모금함을 지키는 조연출이 되었다.

기출 문제집에 없던 '참으로 이상한 날씨'도 지나고 나면 풀이는 나온다.

- 6월 시베리아 이상 고온으로 7월 북극 해빙海氷 면적이 1979년 이후 최저를 기록하였고, 이로 인해 우리나라 주변은 대기 정체로 편서풍이 약해지고 북쪽으로부터 찬 공기의 유입이 잦았습니다.
- 또한, 7월 서인도양에 해수면 온도가 높고 대류가 매우 활발(상승기류)해지면서 동인도양~필리핀해 부근에서 대류 억제가 강화(하강기류)됨에 따라, 북태평양고기압이 남~서쪽으로 크게 확장하였습니다.
  - 이 때문에, 북태평양고기압의 북쪽 확장이 지연되었고, 우리나라 부근에서 정체전선이 지속해서 활성화되어 장마철이 길게 이어졌으며, 7월 기온도 낮아져 기온 변동이 컸던 것으로 분석됩니다.

- 한편, 6~7월은 상층 찬 공기를 동반하며 발달한 저기압에 의해, 8월은 정체전선상에서 발달한 남북으로 폭이 좁은 강한 강수대가 지속해서 발달하면서, 집중호우와 많은 비가 잦았습니다.³

기상청 보도 자료 <2020년 여름철 기상 특성>, 2020년 9월 8일

아, 출제 범위에 시베리아가 들어 있을 줄이야. 풀이를 보니 한숨은 더 깊어졌다. 다음에도 이런 킬러 문항은 못 풀겠구나. 이상 기후별 맞춤 답안을 준비하는 것보다 차라리 탄소를 줄이는 게 쉽겠어. 게으른 나는 또 한 번 다짐했다.

특집 생방송은 '날씨'와 '기후' 사이 어딘가에 있다. 근본적인 원인이야 기후 변화지만 긴급 생방송인만큼 지금 이 순간 비가 많이 오고 있는지, 땅이 쩍쩍 갈라지고 있는지가 중요하다. 그런데 10여 년의 경험을 돌이켜보건대, 생방송이 나갈 즈음이면 문제는 겉보기엔 소강 상태에 접어든다. 재난에 가까운 날씨가 2주는 지속되어야 생방송 팀을 꾸리라는 지시가 내려오고, 여러 프로그램에서 차출된 PD와 작가들이 큐시트를 급조해 스튜디오를 꾸리다 보면 또 한 주가 지나간다. 그때 정치인이나 기관장들에게 섭외 전화를 돌리면 "이제 비 다 그쳤는데 나가서 뭐 합니까?"라는 반응이 심심찮게 돌아온다. 저기요, 비가 그쳤으니 이제 수습할 차례입니다.

  2017년 6월 가뭄 특집 생방송 날에는 메인 연출 선배가 "오프닝 멘트 큐!"를 외치자마자 야외 스튜디오에 빗방울이 쏟아졌다. 고심해서 고른 메마른 저수지 위로 먹구름이 잔뜩 몰려오고 있었다. '거북이 등처럼 갈라진 땅'이라는 멘트를 읽는 아나운서의 얼굴 위로 굵은 빗방울이 눈물처럼 번졌고 결국 출연자 모두에게 우산을 씌워야 했다. 생방송이 중반으로 접어들 즈음에는 '호우주의보' 안내 자막이 화면 하단에 흘러나가기 시작했다. 비가 내리지 않아 큰일 난 현장을 보여주면서 비를 조심하라니. 쩍쩍 갈라진 저수지의 흙먼지를 피하려고 장화를 신고 왔던 나는 그날 발이 젖지 않고 퇴근한 유일한 PD였다.

  어쩐지 망한 것 같지만 기분 좋은 방송이었다. 모금도 하고 기다리던 비도 오고! 가뭄 방송 PD가 단비를 불러왔으니, 대진운이 좋은 건지 천운인지 모르겠지만 아무튼 운이 좋았다. 계속 비가 오지 않으면 특집 생방송을 더 해야 할 수도 있으니 여러모로 해피 엔딩이었다. 그런데 꼭 분위기를 깨는 분들이 있다.

"조금 있으면 장마철인데 뭔 물이 없다고 난리야?"

"가뭄이라고 난리더니 봐라. 물이 넘치는구먼."

  봄 가뭄이 심하면 소양강댐은 바닥을 드러낸다. 그러다 여름철 집중호우로 수위가 오르면 수문을 열어 초당 수천 톤의 물을 방류하니 이게 무슨 일인가 싶다. 물 아껴야 하니 물총 축제도 하지 말라고 할 때는 언제고, 한두 달 뒤면 물난리가 나고 마는 패턴에 사람들은 피로를 호소한다. 하지만 여름의 폭우는 봄의 마른 땅을 적셔주지 못한다. 가뭄을 겨우 견딘 논밭을 물에 잠기게 하고 둑을 무너뜨릴 뿐이다. 그러니 우리는 가뭄에도, 홍수에도 호들갑을 떨어야 한다. 게다가 기후 변화로 가뭄과 홍수는 점점 세트 상품이 되고 있다.

지구의 기온이 2℃ 오른다고 큰일이 날 것을 실감하기란 쉽지 않다. 특히 포근한 봄날 카페에 앉아 있으면 오늘 낮 기온이 15℃인들 17℃인들 어떠냐는 생각이 든다. 그러나 이 2℃가 지구의 대기와 물의 순환에 미치는 영향은 어마어마하다.

온난화로 따뜻해진 대기는 바다와 토양의 물 증발 속도를 높여 가뭄을 유발한다. 또한 대기가 따뜻해지면 더 많은 수증기를 머금을 수 있는데, 그렇게 가득 저장된 수분은 어느 날 폭우가 되어 쏟아진다. 물이 필요할 때는 비가 한 방울도 내리지 않다가 갑자기 감당할 수 없는 물 폭탄이 터지는 것은 이 때문이다. 게다가 오랜 가뭄에 메마른 토양은 짧은 기간 쏟아진 많은 비를 흡수하지 못하고 흘려보내 홍수를 일으킨다. 즉 온난화가 심해질수록 극단적인 기상 현상이 자주 발생하고, 재난의 강도도 높아지는 것이다.

열대 해상에서 발생하는 태풍만 하더라도 과거에는 상당수가 북상 과정에서 약화되거나 소멸했다. 그런데 해수면의 온도가 높아지자 태풍은 더 큰 에너지를 공급받게 되었고, 세기를 유지한 채 우리나라까지 도달하는 경우가 늘어나고 있다. 태풍 피해가 7, 8월에 집중되던 과거와 달리, 9월의 태풍 특보가 요즘 흔한 일이 된 이유다. 100년에 한 번 일어날 만한 극한 날씨를 견디도록 설계된 도로, 다리, 건물, 하수도 시설은 예측 범위를 벗어난 비, 바람, 햇볕을 견디지 못한다. 기후 변화를 무시하는 것은 세금을 아끼고 싶은 사람에게도 합리적인 선택이 아니다.

장담컨대 앞으로 더 빈번하게 기상 재해 특집 생방송이 편성될 것이다. 태풍 특보 기간이면 보도국의 기자 동기들이 원래 하던 취재를 멈추고 재난 현장으로 투입되듯, 나 역시 정규 프로그램을 만드는 일상을 더욱 자주 멈추고 급히 꾸린 특집 프로그램 사무실로 출근해야 할 것이다. 재난이 일상이 되었던 2020년, 우리는 코로나19가 꽤 오랫동안 모든 이슈를 잠식하는 것을 목격했다. 이상한 날씨가 심해지고 잦아지면 당장의 기상 재해보다 시급하지 않은 대다수의 사회적 문제는 언론의 관심에서 밀려나고, 누군가에게 힘이 될 '하하호호' 하는 교양, 예능 프로그램은 결방을 피하지 못할 것이다. 동료 PD들은 말한다.

"앞으로 환경 프로그램이 대세가 될 거야."

"공영 방송에서 기후 관련 프로그램은 늘어날 수밖에 없지."
경력의 대부분을 갈아 넣은 장르의 흥행에 나는 기뻐할 수 없다. 장밋빛 전망은 곧 우리의 미래가 흙빛임을 알기 때문이리라.

'빠'와 '까' 사이

**"그의 아이디어가
처음부터 환영받은 것은 아니었다."**

늦가을 정부 기관이 주최한 지속 가능성 관련 포럼에 참석했다. 초청받은 건 아니고 그저 구경을 간 건데 정말 재미있는 '구경'을 하고 말았다. 행사장인 5성급 호텔 테이블에 놓인 200개가 넘는 플라스틱 생수병과 유리컵, 그리고 'Sustainable'(지속 가능)을 외치는 거대한 녹색 현수막의 기막힌 조화. 뒤돌아 몇몇 언론사의 카메라를 본 순간, 아차 싶었다. 생수병 빨리 치워야 하는데, 이러다 그림 망치는데…. 그때 갑자기 진행 요원들이 나타나 테이블 위의 생수병을 재빨리 걷어 갔다. 생수병이 사라진 상태에서 개회사와 축사가 무사히 끝나고 사진 기자들은 철수했다.

적절한 시점에 진행 요원들은 다시 나타나 생수병을 돌려놓았다. 주최 측이 일을 참 잘한다고 해야 할까? 못한다고 해야 할까?

참가자들이 플라스틱 생수로 목을 축이는 동안 무대에서는 '캄보디아에서 플라스틱 없이 물 마시기'의 성공 사례가 소개되고 있었다. 우습고 또 슬프게도 무척 훌륭한 발표였다. 캄보디아 시엠립Siem Reap의 호텔 자야 하우스 리버 파크Jaya House River Park는 숙박객들에게 플라스틱 생수 대신 QR코드가 있는 텀블러를 제공하는데, QR코드에는 시내 리필 스테이션(여행자들이 무료로 물병을 채울 수 있는 장소)의 위치가 담겨 있다. 수백 개의 현지 가게, 카페, 식당이 리필 스테이션으로 참여한다. 캄보디아 관광업계에서만 매달 460만 개가 소비되고 거의 재활용되지 않는 생수병을 없애기 위해서다.[4]

'리필 낫 랜드필Refill not Landfill'이라 불리는 이 캠페인은 2016년 이래 자야 하우스 리버 파크에서만 50만 개의 생수병 사용을 막았고, 1,200개가 넘는 리필 스테이션을 갖춘 글로벌 캠페인으로 성장했다.[5] 이를 시작한 크리스티안 드 부어Christian de Boer가 생수병 가득한 서울의 호텔에 오기 전 강연한 장소 중에는 무려 평양상업대학도 있었다.

그의 아이디어가 처음부터 환영받은 것은 아니었다. 대부분의 한국인에게 캄보디아를 비롯한 동남아시아 국가들은 생수를 꼭 사서 마셔야 하는, 수질을 신뢰할 수 없는 곳이다. 이 캠페인의 시작과 동시에 우려가 쏟아진 이유다. 거리 상점의 물을 어떻게 믿고 마시냐, 더러운 물을 마시고 배탈이 나면 어떡하냐는 질문이 잇따랐다. 그러나 크리스티안은 리필 스테이션의 물이 문제를 일으킨 적이 단 한 번도 없다고 대답했다. 캠페인에 참여한 가게들은 여행자의 방문을 통한 추가 수익을 기대했기에 평판을 망치지 않고자 수질 관리를 철저히 했다. 호텔 입장에서도 이건 되는 장사였다. 하루 숙박비가 30만 원이 넘는 자야 하우스 리버 파크는 손님에게 생수를 한 병도 주지 않고도 트립어드바이저Tripadvisor에서 7년 연속 캄보디아 최고 호텔 1위 자리를 지켰다. 세계 순위는 18위다.[6]

생수병을 치우는 것은 잔소리를 넘어 트렌드가 되어가고 있다. 하루에 1만 병의 생수가 팔리던 미국 샌프란시스코 공항은 더 이상 플라스틱 병에 담긴 물을 팔지 않는다.[7] 물만이 아니다. 2021년부터 일회용 플라스틱, 종이 포장에 담긴 모든 음료의 판매가 금지되었고, 유리, 알루미늄, 생분해성 인증을 받은 일부 포장만이 허용된다.[8] 보안 검색대를 통과하려면 100mL가 넘는 액체류를 휴대할 수 없는데 물은 어디서 사야 할까? 빈 텀블러를 챙기면 된다. 공항에는 100여 개의 무료 급수대가 있다. 대기업 정수기를 똑 닮은 하얗고 매끈한 디자인에 온도 조절도 되는 터치프리touch-free 음수대를 보면 4달러짜리 유리병 생수를 사고 싶은 마음이 사라진다. 2023년에는 로스앤젤레스 공항도 플라스틱 생수 판매 금지에 동참했다.[9]

그럼에도 여전히 득보다 실 찾기에 바쁜 사람들이 있다. 유리병 생수가 깨지면 유리 조각 때문에 위험하지 않을까요? 많은 사람들이 음수대를 이용하는데 더럽지 않을까요? '과학적 견해'의 탈을 쓰고 훼방을 놓기도 한다. 전미페트용기자원협회NAPCOR는 유리병과 알루미늄 캔이 플라스틱병보다 생산 및 운송 과정에서 훨씬 더 많은 탄소를 배출한다며 샌프란시스코 공항의 조치를 비판했다.[10] 플라스틱병과 달리 유리병은 세척 후에 여러 번 재사용되고, 알루미늄 캔은 반복해서 재활용이 가능하다는 사실은 쏙 빼놓고 말이다. 환경에 대한 관심이 높아질수록 그런 눈속임은 통하지 않는다. 그들은 대중에게 대단한 비밀을 알려주는 양 굴었지만, 텀블러를 챙겨 오면 알루미늄 캔에 담긴 물을 사지 않아도 된다는 건 비밀이 아니다.

사실 이 모든 몸부림은 인간의 본능이다. 우리는 새로운 행동이 필요할 때 안 해도 될 이유를 찾도록 설계되었다. 감정과 기억을 담당하는 뇌의 변연계는 변화를 종종 위협으로 인식하여 저항, 회피하는 반응을 활성화한다. 변화하는 대신 웬만하면 현재의 상황을 유지하고자 하는 '현상 유지 편향'이 작동하는 것이다.[11] 그래서 우리는 위기 상황에도 현 상태가 자연스럽다고 여기며 손실에 눈을 질끈 감기도 한다. 중요한 것은 현상 유지에 대한 선호가 합리적이지 않다는 데 있다. 일회용 플라스틱 사용으로 인한 심각한 환경 오염이 명백히 예상되고, 생수의 수질이 공항 음수대보다 뛰어나지 않다는 것이 검증되어도, 사람들은 하던 대로 생수를 사서 마시고 싶어 한다.

1980년대 안전벨트 착용법이 도입되자 개인의 자유를 침해하지 말라며 목소리를 높인 미국인이나, 2020년대 지하철역에서 우산 비닐을 없앤다고 하자 미끄러져 다치면 책임질 거냐고 댓글을 달던 한국인도 마찬가지다. 우리는 객관적으로 더 나은 대안이 있어도 긁어 부스럼이 날까 아무것도 하지 않기로 '선택'한다. 조지아주립대학교 연구진에 따르면, 인지 유연성 면에서 인간은 원숭이만도 못하다.[12] 원숭이는 목표 달성을 위해 전략을 수정하는 데 있어 인간보다 훨씬 더 개방적이었으며, 새로운 전략을 실천하기까지 걸리는 시간도 현저히 짧았다.

게다가 인간은 행동의 결과, 즉 보상이나 처벌이 즉각적이지 않은 경우 그 강도를 과소 평가하는 경향이 있다. 실험 참가자의 대부분이 6개월 후의 100달러보다 지금 당장 받을 수 있는 50달러를 선택했다는 연구를 보면 '금세기 내 재앙'을 예언하는 기후 문제가 지금 생수를 사려는 마음보다 한참 뒤로 밀려나는 이유를 알 수 있다.[13]

수십 년 뒤 동네가 물에 잠기는 것보다 지금 코밑의 땀이 더 괴롭다. 생존을 위해 인간은 즉각적이고 가까운 위협에 주의를 기울이도록 진화했기 때문이다. 우리의 뇌는 느린 변화에 경보를 울리는 데 능숙하지 않다.[14] 그렇다 보니 기후 문제에 대응하는 것은 미래의 추상적인 위험을 예방하고자 눈앞의 구체적인 이익을 포기해야 하는 것으로 받아들여진다. 하버드대학교 심리학과 교수 대니얼 길버트Daniel Gilbert는 '기후 유난'에 저항하는 우리의 마음을 예리하게 꿰뚫었다.

"많은 환경론자들은 기후 변화가 너무 빨리 일어나고 있다고 합니다. 아니요, 너무 느리게 진행되고 있습니다. 우리의 관심을 끌 만큼 빠르게 진행되고 있지는 않아요."[15]

그러니 기후 변화를 무시하면 몸도, 마음도 편안하다. 환경 단체의 잔소리와 몇몇 뉴스만 못 들은 척하면 삶은 대체로 안온하게 흘러간다. 거꾸로 말하면, 의미 있는 캠페인이나 제품은 언제나 밥상 엎는 소리를 요란하게 내며 세상에 등장한다. 30년 전 감히 페플라스틱으로 만든 옷을 고객에게 팔려고 한 파타고니아가 그랬고, 5년 전만 해도 라벨 없는 물을 어떻게 파냐던 생수

기업들이 그랬다. 처음에는 모두 말이 안 되는 일이었다. 그래서 기업의 친환경 노력은 "생각도 못했네?"와 "생각 없네?"의 한 끗 차이를 오가며 절묘한 타이밍을 잡아야 하는 줄타기다. 처음에는 비판을 감수할 수밖에 없다. 모든 '빠'와 '까'를 고려하면 애초에 변화는 불가능하다.

20만 명이 모이는 영국 글래스톤베리 페스티벌, 최고의 역사와 권위를 자랑하는 윔블던 테니스 대회가 생수병을 치우는 동안 우리나라에서도 변화가 일어나고 있다. 2023년 춘천 마라톤을 시작으로 큼직한 마라톤 대회에도 다회용 컵이 등장했다. 시작은 순탄치 않았다. 바닥에 떨어진 다회용 컵에 사람들이 걸려 넘어지지는 않을지, 여기저기 버려진 다회용 컵을 전부 수거할 수 있을지, 이번에도 안 될 것 같은 이유는 여럿이었다. 그러나 컵을 던져 넣는 시뮬레이션을 반복하고, 급수대에서 목청껏 수거 지점을 안내한 사람들이 있어, 일회용 컵 없이도 우리는 마라톤을 할 수 있게 되었다. 2023년 서울 선사 마라톤에서 환경 단체 와이퍼스Wiperth는 준비한 다회용 컵 4,400개를 모두 회수해 '하면 된다'는 것을 보여주었다.[16] 그런가 하면 지하철역, 기차역에서 좀처럼 음수대를 찾아볼 수 없는 현실은 우리 앞에 늘어선 '안 되는 이유'가 여전히 구만 리임을 보여준다.

앞으로도 기후 문제에 대응하기 위해 한 발짝을 뗄 때마다 어떤 이들은 오만가지 경우의 수를 가져와 우리의 '쓸데없는 짓'을 무산시키려 할 것이다. 한 발짝의 의미가 크면 클수록 현상을 유지하고 싶은 마음이 발목을 더욱 세게 붙잡을 것이다. 그럴 때 "바꿔도 괜찮아요. 큰일 안 납니다"라고 말해주는 역할을 하고 싶다. 편을 들어야 한다면, 지구 기온을 조금이라도 낮추는 쪽에 서고 싶다.

겹겹의
환대

**"그 정성이 어느새
내 마음을 불편하게 하고 있었다."**

 5월의 끝자락, 로마의 저녁은 짙푸른 여름색이었다. 이른 아침 인천을 떠난 우리는 마침내 테르미니역 근처 숙소에 도착했다. 말은 통하지 않았지만 여권을 내미니 열쇠가 나왔다. 효도여행의 1일차 목표 달성. 이탈리안 커피 한 잔이면 하루를 완벽히 마무리할 수 있을 것 같았다.

 기차역 앞 북적이는 카페로 갔다. 카푸치노가 한 잔에 1.5유로, 크기도 스타벅스 톨 사이즈로 넉넉했다. 한 모금을 마시기도 전에 어머니는 이탈리안 커피가 마음에 들었다.

 "봐라. 손 뜨거울까 봐 컵을 2개 준다. 이탈리아 사람들은 잘 생기고 정도 많네."

 점원은 쨍한 오렌지색 일회용 컵 2개를 포개어 건넸다. "Enjoy" 하며 미소를 지어준 그 잠깐의 여유가 고마웠다. 날씨 좋은 나라는 역시 마음도 넉넉하군. 게다가 컵 홀더를 따로 끼우는 것보다 오히려 실용적으로 보였다. 생애 첫 유럽 여행, 2겹의 컵에 담긴 카푸치노는 어머니의 긴장을 따뜻하게 녹여줬다.

 그런 종류의 배려라면 빠질 수 없는 나라가 있다. 일본인들은 '이렇게까지?' 싶은 접객으로 여행자의 마음을 몽글몽글하게 하는 탁월한 재능을 가졌다. 일본 히로시마현의 미야지마宮島를 여행할 때는 전부 다른 맛의 단풍 모양 튀김을 4개 골랐는데 각각의 튀김을 작은 종이로 감싼 후에 큰 봉투에 담아줬다. 사실 가게를 나서자마자 전부 입에 털어 넣으려던 참이라 개별 포장은 필요 없었다. 이미 튀겨진 것들끼리 닿는다고 맛이 섞이는 것도 아닐 테다. 하지만 그건 자신이 내놓은 음식에 진심인 사람이 줄 수 있는 배려와 정성이었다. 야무지게 포장한 걸 도로 풀어달라고 할 만큼 매정하지 못한 나는 "아리가또" 하며 물러나는 수밖에. 음식만 그런 게 아니었다. 기념품 가게의 자석은 이미 투명 비닐에 포장되어 있었는데, 계산대에 가니 손바닥만 한 꽃무늬 비닐에 넣고 가게의 스티커까지 붙여주었다. 5,000원짜리 물건을 그토록 정성 들여 포장하는 걸 홀린 듯 바라보다 보면, 돈을 내고도 "아리가또 고자이마스"가 절로 나오는 것이다.

하지만 몇 년이 지나도 잊을 수 없는 건 도쿄 다이칸야마代官山의 비 내리던 오후다. 빗줄기를 피해 들어간 가게에서 나는 2만 원쯤 하는 스웨터를 샀다. 점원은 스웨터를 잘 개어서 손잡이 달린 종이봉투에 넣고 투명 테이프를 여러 조각으로 잘라 입구를 꼼꼼히 막았다. 그리고는 종이봉투 위에 투명 비닐을 덧씌웠는데, 그 비닐은 종이봉투에 맞춤옷인 듯 크기도 딱 맞는 데다 봉투의 손잡이 부분만 쏙 빠져나오도록 정확한 위치에 홈이 패여 있었다. 점원은 투명 비닐로 종이봉투를 바닥까지 잘 감싸서 테이프를 붙인 다음, 손잡이가 벌어지지 않게 리본을 묶고는 마지막으로 스티커를 붙였다. 정성에 감탄한 남편과 나는 쇼핑백을 들고 사진까지 찍었다. 우산 없이 걸어도 물건은 안 젖겠다는 확신이 들었다. 비 오는 날 뚜벅이 여행자를 이보다 더 배려할 수 있을까? 종일 내린 비에 신발은 홀딱 젖었지만 그날 밤 숙소에서 꺼낸 빨간 스웨터는 뽀송뽀송했다. 그토록 고마웠던 비닐과 테이프는 뜯다가 엉킨 채로 쓰레기통에 던져졌다.

겹겹의 포장에 담긴 극진한 환대가 좋았다. 미처 필요를 느끼기도 전에 혹시 생길지 모를 불편함까지 헤아리는 그 마음이 고마웠다. 일본 여행을 가면 별로 산 게 없어도 가방이 금방 불룩

해지곤 했는데, 겹겹이 포장된 정성과 배려가 딸려 왔기 때문일 테다. 파는 사람은 정성을 다하고, 사는 사람은 고마워하는 훈훈한 세상!

그러나 필요 이상으로 나를 챙겨주는 이 아름다운 문화는 지구에 필요 이상의 흔적을 남긴다. 일회용 컵을 하나 덧대어 준 카페도, 종이봉투에 비옷을 입혀준 옷 가게도, 나에게 별도의 비용을 요구하지 않았다. 하지만 공짜라고 해서 내가 살아가는 세상이 치러야 할 비용도 0인 것은 아니다. 길어야 하루 만에 쓰레기통에 들어갈 일회용 컵과 비닐은 땅에 묻히거나 태워지거나, 운이 좋아봤자 큰 에너지와 비용이 드는 재활용 과정을 거쳐 환경을 오염시키고 지구를 더욱 뜨겁게 만든다. 게다가 비닐과 같은 플라스틱 제품은 99%가 화석 연료로 만들어진다.

기후 위기를 막기 위해 어떻게든 화석 연료 사용을 줄여야 하는 상황에서 겹겹의 포장은 우리가 그나마 쉽게, 큰 불편함과 희생 없이 포기할 수 있는 영역이다. 포장을 받아 들고서 느끼는 즐거움의 지속 시간은 화석 연료와 일회용품 쓰레기가 지구에 미치는 영향에 비하면 극히 짧다. 또한 기후 위기가 가져올 위험과 불편함의 크기를 고려한다면, 필요 이상의 포장이 주는 기쁨은 아주 사소한 것이 되고 만다. 고객인 내가 불편하지 않도록 건넨 그 정성이 어느새 내 마음을 불편하게 하고 있었다.

팬데믹을 거치며 일회용 플라스틱은 배려를 넘어 위생과 안전의 상징이 되었다. '신경 쓰는 사장님'이 되기 위해서는 일회용 컵, 일회용 장갑, 일회용 빨대, 일회용 마스크, 물티슈를 매장에 넉넉하게 챙겨두는 센스가 필요했다.

그러나 일회용품은 제대로 된 물건을 사용할 수 없을 때 임시방편으로 쓰는 대용품이다. 좋은 레스토랑에 가면 건배하다가 깨질 것만 같은 얇은 와인잔과 묵직한 커트러리가 제공된다. 사람들은 분명 조금 전 남들이 입을 댔을, 그럼에도 몇 년째 잘 사용되고 있는 숟가락으로 식사를 즐긴다. 손님이 떠나고 나면 세심한 손길로 와인잔을 닦고 깨끗하게 커트러리를 씻어 말리는 것까지가 모두 레스토랑의 일이다.

일회용 식기의 내부 코팅에서 떨어져 나오는 미세 플라스틱도 무시하기 어렵다. 뿐만 아니다. 일회용 컵에 흔히 사용되는 과불화화합물PFAS은 인체에 축적되어 내분비계를 교란하고 암과 면역계 질환의 유발 가능성을 높인다.[17] 이런 것을 굳이 입에 댈 필요는 없다. 나는 스스로를 잘 대접하고 싶어서 텀블러를 쓴다.

평생 다 쓰지 못할
립스틱

"기후도 변화하는 마당에
인간이 무슨 수로 안 변하고 버틸까?"

출국 정보 입력, 출석 체크, 주말 특별 할인, 친구 초대 이벤트, 행운의 룰렛 경품, 요일별 제휴사 혜택…. 모든 이벤트 창을 클릭해서 적립금을 받은 뒤, 마지막으로 통신사 회원 인증까지!

온라인 면세점 사이트에 접속하면 원하는 물건을 검색하기도 전에 이벤트 창 클릭에만 30분이 훌쩍 지나갔다. 어차피 이렇게 클릭만 하면 쿠폰을 줄 거면서 왜 처음부터 할인가에 팔지 않을까 궁금했지만, 이벤트 창을 하나하나 클릭하면서 깨달았다. 카드 앱에서 쿠폰을 받아 16자리 번호를 입력하고 만 원을 받아낼 때 샘솟는 뿌듯함, 이렇게 개미처럼 적립금을 모았으니 반드시

이곳에서 쇼핑을 몰아서 해야겠다는 다짐까지. 어느새 나는 절대 빈손으로 떠날 수 없는 비장한 고객이 되었다.

구매 금액이 커질수록 할인율도 늘어나니 똑같은 화장품을 서너 개씩 담았다. 백화점에서 20만 원 하던 신발을 온갖 적립금과 제휴 할인을 끌어모아 5만 원에 득템하던 순간, 내가 찾던 게 검정 구두였다는 사실은 중요하지 않았다. 온라인 면세점에 남은 건 빨간색의 225 사이즈뿐이었고 조금 작지만 신다 보면 늘 어날 테니까, 5만 원이면 한두 번만 신어도 이득이니까.

온라인 면세점 털기는 출국 전 하나의 의식ritual이었다. 꼭 필요한 게 없어도 패션, 잡화 카테고리를 펼쳐 보며 귀걸이 하나라도 득템할 게 없을까 서너 개의 면세점 사이트를 뒤지곤 했다. 출장길에는 더 했다. 촬영을 앞두고 불안함이 밀려오면 예쁜 플립플롭이라도 하나 사야 공항 가는 길이 그나마 설렜다. 늘 쓰는 립스틱, 파운데이션 제품도 몇 개씩 담았다. 내 화장대에는 아직 뜯지도 않은 새 립스틱이 2개 있는데, 알파고와 이세돌 9단이 바둑 대결을 하던 해 면세점에서 쟁여둔 것이다. 그때는 펄이 들어간 핑크색 립스틱을 내가 평생 좋아할 줄 알았다. 사놓고 뜯지도 않은 물건들은 버리지도 못하고 늘 눈에 밟히는데, 반대로 살까 말까 고민하다 내려놓은 물건들은 며칠 지나면 그게 뭐였는지 기억도 나지 않는다.

〈옷을 위한 지구는 없다〉를 제작하며 그만둔 몇 가지가 있다. 계절마다 아울렛 드나들기, 세일 때마다 쇼핑 앱 열어보기, 면세점에서 적립금 모으기. 어떤 큰 결심을 하고 괴로워하며 앱을 지운 게 아니라 그저 그런 것들에 관심이 시들해졌다. 지금 사라고, 이걸 안 사면 바보라고, 누구나 이런 스타일은 하나씩 갖고 있어야 한다고 친절하게 알려주는 팝업창이 잔소리로 느껴지자 더는 앱을 열지 않게 됐다. 다 그만두고서야 깨달았다. 그거 안 산다고 두고두고 아쉬울 것도 아니고, 그때 적립금 받겠다고 눈 아프게 스마트폰을 들여다보지 않았으면 출국 전날 잠이라도 한숨 더 잤을 텐데. 할인을 30% 받으면 뭘 해, 쓰지도 않는 화장품과 신지도 않는 빨간 구두는 안 샀으면 100% 할인인데.

사람은 변한다. 나이가 들수록 변하기 쉽지 않다고들 하지만 기후도 변화하는 마당에 인간이 무슨 수로 안 변하고 버틸까? 내년 여름이 얼마나 길지, 가을 태풍이 얼마나 심각할지, 언제 어디에 또 홍수가 날지 모르는데 우리만 그대로라면 그게 더 문제다. 그러니 우리는 '득템'과 '쟁이기' 신공을 펼치기 전에 신중해야 한다.

여전히 뜯지도 쓰지도 버리지도 못하는 물건들이 있다. 몇 년 전 캡슐 커피머신을 들이면서 출근길에 아메리카노를 가져가겠다며 100개들이 일회용 컵을 샀다. 홀더, 뚜껑, 빨대까지 세트로

된 묶음 상품을 보며 '어떤 천재가 이런 걸 만들었지?' 하고 감탄했었다. 100개 묶음을 하나만 산 게 그나마 다행일까, 이걸 다 쓰기 전에 〈환경스페셜〉 팀에 오게 된 게 행운일까?

촉촉한 핑크에서 매트한 누드 컬러로 립스틱 취향이 변하듯, 가치관이 바뀌면서 쓰지 못한 20개의 일회용 컵이 서랍장에 그대로 있다. 이사를 하면서도 차마 버리지 못하고 가져온 일회용 컵들, 하루 쓰고 버리려다 몇 년째 달고 다니는 혹이 되어 버린 물건들을 보며 오늘도 텀블러를 씻는다.

가장 손쉽게
자유를 누리는 방법

"오늘도 기획안에 무심코
'소비자'를 쓰다가 지웠다."

더 이상 사지 않는 것들이 있다. 작은 용기에 소분한 여행용 세면도구부터 이미 존재하는 물건의 소재나 형태를 바꿔 탁상용, 초경량, 접이식, 집게형, 여름용, 겨울용이라는 라벨을 단 각종 필수 아이템, 아이디어 상품들이 그것이다.

'한 번만 쓰고 버려도 개이득'인 물건에도 눈길을 주지 않는다. 실제로 한 번만 쓰고 버려야 마땅한 만듦새일 확률이 높기 때문이다. 사려는 이유가 가격이면 사지 말고, 사지 않으려는 이유가 가격이면 사라는 격언은 지갑에도 환경에도 유효하다.

3월 초, 늦은 여름휴가로 베트남에 갔다. 워터파크에 가기 위해 수영복을 챙겨 왔는데, 옷을 갈아입고 주변을 보니 허벅지가 드러나는 차림은 거의 없었다. 왠지 모르게 불편한 내 마음을 읽은 듯 탈의실 출구는 의류 매장으로 이어졌고, 무난한 길이에 적당히 화려한 디자인의 고무줄 반바지를 팔고 있었다. 5,000원쯤 하는 그 바지는 나처럼 당황한 외국인들에게 인기였다.

2시간쯤 놀았을까? 벌레에 물렸는지 왼쪽 허벅지가 아려왔다. 바지 안쪽 솔기에 쓸린 살이 부어오른 탓이었다. 걸을 때마다 솔기가 할퀴는 곳은 불에 덴 듯 따끔했다. 샤워실에 들어간 나는 바지부터 벗어 던졌다. 이걸 옷이라고 만들었냐는 푸념이 나오는 순간, 내가 입은 것과 똑같은 5,000원짜리 바지가 쓰레기통에 산더미처럼 쌓여 있는 광경이 보였다. 살이 쓸리지 않았다 한들 축축히 젖은 싸구려 바지를 굳이 챙겨 갈 사람은 많지 않았다. 그 옷들은 세상에 나와 기껏해야 반나절을 살고 죽었다. 쓸린 허벅지는 한국에 돌아와서도 몇 주간 아렸다. 5,000원에 개이득을 볼 줄 알았던 나는 돈 쓰고 살점을 뜯기고 쓰레기만 만든 셈이다.

싸든 비싸든 나는 옷을 참 좋아했다. 요일마다 다른 옷을 입는 것은 당연했고, 계절 따라 유행 따라 열심히 옷을 샀다. 장기 프로젝트가 끝날 때면 고생한 나에게 가방도 하나씩 선물했다. 마음껏 사는 행위는 열심히 일한 나를 위한 보상이자 누구도 침범할 수 없는 자유라 생각했다. 나에게 마음대로 사는(구입) 자유는 곧 마음대로 사는(삶) 자유였다.

재킷들이 빈틈없이 걸려 옴짝달싹 못 하는 옷장을 보고 왜 그렇게 뿌듯했을까? 배급받아 먹고살던 시절을 경험한 세대도 아닌데 왜 그렇게 사는 자유에 목을 맸던 걸까? 짐작건대, 쇼핑은 가장 손쉽게 맛볼 수 있는 자유였다. 퇴근 시간이 한참 지나도 나를 환영해 주는 쇼핑몰, 24시간 온갖 혜택으로 유혹하는 쇼핑 앱에서는 언제든 쉽게, 빨리 내 마음대로 돈을 주고 물건을 얻을 수 있었으니까. 자유를 누리기 위해 새로운 것을 탐색하거나 시도할 필요도 없었다. 그러나 쉽게 얻은 맛은 그만큼 빨리 휘발된다는 걸 그때는 몰랐다. '마음대로 사는 자유로운 나'의 기분을 무너뜨리지 않으려면 사고 또 사고 더 사는 행위를 멈추지 않아야 했다.

돈을 내고 선택지 중 하나를 고르는 자유, 그 허무함을 깨닫자 다른 자유가 보였다. 세상에 어떤 영향을 미치며, 어떻게 살 것인가를 결정하고 실천하는 자유다. 나에겐 더 이상 원하는 것을 무엇이든 살 수 있는 자유가 더 많은 사람과 안전하고 즐겁게 살 수 있는 자유보다 중요하지 않다. 구입할 자유가 있는 소비자이기에 앞서 생각할 자유가 있는 지구의 일원임을 잊지 않으려 한다.

오늘도 기획안에 무심코 '소비자'를 쓰다가 지웠다. 언제부턴가 '시민', '대중'을 대체하고 있는 단어다. 이 사회에서 나처럼 평범한 사람에게 기대하는 가장 중요한 역할이 열심히 소비하는 것임을 깨닫고 보니 틀린 말도 아니다. 그러나 내가 고르지도 않은 그 역할을 충실히 하는 데 내 인생을 흘려보내고 싶지는 않다.

쇼핑의
규칙

**"'샀으니 버린다'에서
'버렸으니 산다'로 방향을 전환했다."**

    스무 살 겨울, 홀로 런던에 도착했다. 베를린 아웃인 티켓을 구입한 나는 영국, 프랑스, 스위스를 거쳐 독일까지 2주를 여행했는데 프랑스에서부터는 슬슬 집 생각이 났다. 가끔 서러웠고 자주 외로웠다. 말도 통하지 않는 겨울 거리를 하릴없이 걸으면 겉도는 느낌에 온몸이 시려왔다. 들어갈 집도, 만날 사람도, 할 일도 없는 나는 그 공간에 아무런 접점이 없는 구경꾼이었다.

    피난처는 구시가였다. 그곳엔 적당한 가격의 '메이드 인 프랑스' 귀걸이, 풍차 모양의 병따개, 알프스가 그려진 컵 받침 같은 것들을 살 수 있는 가게가 모여 있었다. 그리고 나처럼 어리바리

한 관광객과 그들을 기다리는 점원들이 있었다. 골목을 샅샅이 걸으며 구경하고 쇼핑하다 보면 비로소 나에게도 어떤 역할이 주어진 것 같은 안도감이 들었다. 상점가는 낯선 도시에서 실패할 일 없이 환영받을 수 있는 안전한 공간이었다.

입사 후에도 종종 혼자 여행을 떠났는데 돌아올 때마다 컵, 액자, 손수건, 인형 같은 자질구레한 것들을 잔뜩 사 오곤 했다. 남는 건 사진뿐이라는데, 혼자 떠난 여행에서 남는 건 물건이었다. 기록도, 사진도 귀찮은 나에게 작고 귀여운 물건을 데려오는 것은 그 공간에 있었음을 증명하고 기억하는 가장 손쉬운 방법이었다.

'무언가를 사야 완성되는 외출'에 의구심이 든 건 몇 년 전 성수동에서였다. 주말 오후 유명 소품샵은 이집트 박물관의 투탕카멘 전시실을 방불케 했다. 밖에서부터 촘촘히 한 줄로 선 사람들은 차례가 되어 가게에 들어서면 매대 사이의 좁은 공간을 줄지어 이동하며 살 만한 제품을 빠르게 스캔했다. 모두가 천천히 걷고 있었지만 무언의 약속된 템포가 있었다. 한 자리에 너무 오래 서 있어도 안 되지만, 별 관심이 없다고 앞사람을 추월해서도 안 되는. 선인장 모양의 거울, 앞치마, 모종삽은 귀여웠지만 마음에 쏙 드는 건 없었다. 계산대 가까이 갈수록 물건은 비싸졌다. 적당한 걸 하나 찾아야 할 텐데…. 입구에서 봤던 고양이 엽

서로 다시 눈이 갔다.

"너 고양이 좋아하잖아. 고양이 엽서나 살까?"

"응, 너가 좋으면 사."

"어머님 고양이 키우시잖아. 보내드릴까?"

"엽서 많아서 괜찮으시대. 그래도 너가 좋으면 사."

내가 좋으면? 엽서는 귀여웠지만 나는 고양이에 관심이 없다. 보나 마나 집에 가면 생각도 안 나서 가방에 그대로 두었다가 출근할 때나 발견될 엽서를 사려면 인파 사이를 역주행해 손을 뻗어야 할 판이었다. 그런데 돈까지 내야 하네.

선물 핑계라도 대서 꾸역꾸역 뭐라도 사려는 스스로가 한심하게 느껴졌다. 그래도 성수동을 언제 또 와? 한참을 기다려 들어온 가게에서 아무것도 안 사면 시간 낭비요, 손해 아니냐는 마음이 슬며시 고개를 들었다. 아니다. 그런 건 없다. 엽서가 꼭 필요한 사람에게 가서 귀하게 쓰이는 것이 고양이를 그린 작가도 바라는 바일 것이다. 공장을 돌리고 임대료 내면서 엽서 파는 회사는? 그걸 걱정하기에는 뭐라도 사려는 경쟁자들이 너무 많았다. 엽서는 불티나게 팔리고 있었고 긴가민가하는 나까지 수요를 보태줄 필요는 없어 보였다.

외출을 했다면 머리핀이라도 하나 사야지, 빈손으로 집에 오면 허전하다 못해 허무한 마음이 든 건 왜였을까? 휴일이면 소비자 역할을 부지런히 수행하는 루틴은 토요일마다 로드샵을

들렀다 매운 떡볶이를 사 먹고 헤어지던 고등학생 시절부터 자연스러운 일이었다. 새로운 것을 구경하고 양손 가득 물건을 사는 것은 현대 사회에서 휴일을 보내는 모범 답안이자 여행의 중요한 목적으로 여겨진다.

환경 프로그램을 만들기 전에도 우리 집에는 작은 규칙이 있었다. 두 사람에게 딱 맞는 작은 집을 구한 우리는 그 공간을 이사 온 날 그대로 단정하게 유지하고 싶었다. 그래서 옷이든 신발이든 하나를 사면 하나를 버렸다. 일대일로 자리만 바꿔주면 되니 어려울 것이 하나도 없었다. 새것은 집 안으로, 헌것은 집 밖으로. 새 옷을 아무리 자주, 많이 사도 헌 옷에 미련만 없으면 집이 좁아질 위험은 없었다. 나의 미니멀리즘은 많이 사고 많이 버리는 인테리어 전략, 그 이상도 이하도 아니었다.

올봄 신혼집 창문 너머로 일곱 번째 벚꽃을 보았다. 세 번째 벚꽃이 지던 때 〈옷을 위한 지구는 없다〉를 제작했고, 물건을 버리는 행위에 대해 훨씬 더 큰 책임감을 갖게 되었다. 하나 사면 하나 버리기는 여전히 우리 집 살림의 기본 원칙이다. 다만 '샀으니 버린다'에서 '버렸으니 산다'로 방향을 전환했다. 새로운 컵이 예뻐서 샀으니 갖고 있던 컵을 버리는 게 아니라, 갖고 있던 컵이 깨졌을 때 새로운 컵을 사는 것이다. 그렇게 하니 새것과 헌것을 교환하는 원칙을 그대로 두고도, 순환 속도를 현저히 늦출 수 있었다.

사는 빈도를 줄이니 우리 집에는 신중히 간택당한 물건만 들어올 수 있게 되었다. 쓰던 것이 망가져서 새로 사는 것이 아니면, 최소한 5년은 데리고 살겠다는 확신이 들 때 지갑을 열기로 했다. 관광지의 기념품 가게에서 눈길을 끈 귀여운 물건들의 상당수가 '5년 동거' 조건의 문턱에서 탈락했다. 기분 전환용으로 물건을 사는 대신, 우리 집에 오면 이 물건이 할 역할이 있는지, 그 물건과 충분한 시간을 보낼 것인지 여러 번 생각한다. 그렇게 심사숙고해서 데려온 것들을 나는 반려 물건이라 부른다.

옷의 경우에는 해져서 버리는 일이 거의 없기 때문에 조금 다르다. 입지 않은 지 5년이 지났고 앞으로도 입을 일이 없다 여겨지는 옷은 방출한다. 반대로 필요한 아이템이 있으면 그냥 사기도 한다. 이 전환의 핵심은 물건의 '인상'보다 나의 '필요'에 집중하는 것이다. 나의 쇼핑은 아울렛을 돌아다니다가 '요즘 유행하는 스타일인데 내가 좋아하는 색이고 가격까지 착한 것'을 고르는 데서 시작하지 않는다. 옷장을 열어보고 '청바지 위에 입을 수 있는 검정 재킷'이 필요하다는 것을 확인하는 데서 시작한다.

명확한 목표물을 정하면 시간을 넉넉히 잡고 집을 나선다. 여러 매장을 다니며 필요한 아이템이 걸려 있는 곳만 집중 공략하는 편이다. 쿠폰 쓰는 재미가 쏠쏠하던 온라인 쇼핑은 거의 그만

두었고, 약속 시간이 남았을 때 옷 가게를 어슬렁대던 습관은 완전히 끊었다. 그랬더니 익숙한 스타일의 n번째 옷을 사고는 집에 와서 '이런 게 있었나?' 하고 놀라는 일도 더 이상 없다.

중고 매장을 고집하지도 않는다. 한 벌도 없는 여름 정장을 사기로 마음먹은 날에는 백화점에 갔다. 속이 쓰린 가격이었지만, 아울렛에 가면 꼭 마음에 들지 않아도 할인율이 높은 곳에서 두세 벌을 사곤 하던 습관을 되풀이하고 싶지 않았다. 여러 매장을 둘러보고, 많은 옷을 입어본 뒤에 마음에 쏙 드는 옷을 정가에 샀다.

덜 사고 덜 버리는 것은 나 같은 사람들부터 하면 된다. 입을 만큼의 옷은 있고 더 이상 키도 자라지 않으며, 새로 산 미니 드레스를 입고 놀러 갈 일이 없는 나 같은 사람. 대신 지금 옷이 필요한 사람이 더 살 수 있도록, 또 옷을 사는 즐거움이 큰 나이의 젊은이들이 일상의 소소한 행복을 누릴 수 있도록 나는 기꺼이 저탄소 아줌마가 될 생각이다.

기특하고
사랑스러운

"나에겐 이처럼 기특하고도 사랑스러운
오래된 물건들이 몇 개 있다."

    몇 년 만에 회사 본관 6층에 갈 일이 생겼다. 모두 칼정장을 입고 있을 것이 분명한 자리, 적당히 예의 바른 옷이 필요했다. 팬데믹 전에 사서 쏠쏠히 입은 오버핏 모직 재킷을 꺼내 걸치고 거울 앞에 섰다. 지난 가을에는 편집실에 박혀 있느라 한 번도 입지 못한 옷이었다.

    이상했다. 이 재킷이 이렇게 길었나? 투박한 옷은 봄 날씨에 어울리지 않았고 가뜩이나 짧은 다리는 더욱 짧아 보였다. 재킷은 오버핏이 국룰이라 생각했는데, 멀쩡한 재킷이 갑자기 너무 커 보이는 건 몇 년째 유행인 크롭 상의를 길에서 많이 봐서일까?

오버핏 재킷을 내려놓고 옷장을 열어보니 갈색 재킷이 하나 보였다. 짧은 길이에 유행 지난 허리선까지 들어가 있어 마지막으로 입은 게 언제인지 기억도 나지 않는 옷이었다. 혹시나 하는 마음에 재킷을 걸치고 거울을 보니 어라, 꽤 괜찮았다. 단정하게 허리선까지 딱 떨어지는 길이, 누가 봐도 잘 맞는 내 옷이었다. 이게 요즘 유행하는 크롭 스타일인지는 중요하지 않았다. 입고 나가기 좀 그렇다는 생각이 들지 않는 것만으로도 합격이었다.

라벨을 확인해 보니 제조 연도는 2009년. KBS 입사보다 2년, 남편을 처음 만난 것보다 5년 일찍 나는 이 옷을 집에 데려왔다. 20만 원이 넘는 옷은 쳐다도 볼 수 없던 시절이었으니 쇼핑몰의 모든 매장을 돌며 고르고 고른 옷이 분명했다. 나는 재킷을 벗어 구석구석 살펴보기 시작했다. 뜯어질 기미조차 없는 탄탄한 소매와 암홀, 빈 곳 없이 잘 달린 단추, 오돌토돌한 질감이 그대로 살아 있는 옷깃을 만지니 떠올랐다. 이 재킷을 입고 간 동아리 발표회, 인턴 면접, 상대의 얼굴은 기억도 나지 않는 소개팅, 면접 탈락 소식에 울다 잠들었던 그 시절의 기억들이 줄줄이 따라왔다. 여덟 번의 이사와 수십 번의 옷 정리에도 살아남은 이 옷은 알고 있었다. 백화점에 걸린 신상 재킷이 모르는 나의 수많은 날들을. 그나저나 16년 동안 나는 참 많이 늙었는데 너는 낡지도 않았구나. 이렇게나 탄탄히 박음질을 해서 정성껏 만든 옷이 수명을 다하지 못하고 버려지는 건 억울한 일이다. 나에겐 이처럼 기특하고도 사랑스러운 오래된 물건들이 몇 개 있다.

노란 우비(2016)

신입 소방관을 따라다니며 다큐멘터리를 촬영할 때, 화재 현장에서 소방 호스의 물에 홀딱 젖지 않기 위해 심사숙고해 고른 비옷. <걸어서 세계 속으로> 출연 당시 점퍼 대신 종종 입었더니 '노란 우비 걔'로 기억해 주시는 분들도 있었다. 포장을 뜯을 때는 너무 고마운데 비가 그치면 쓰레기가 되어 버리는 일회용 우비를 사지 않아도 되는 뿌듯함은 덤이다.

빨간색 백팩(2016)

<걸어서 세계 속으로> 출장을 위해 산 물방울무늬 배낭. 수납 공간을 훨씬 잘 갖춘 촬영 장비용 백팩이나 등산 배낭도 많지만, 이것만큼 안전한 가방은 흔치 않다. 쓸데없는 버클이 달려 있어 여닫기가 너무 불편한 대신 그만큼 털리기도 어렵기 때문. 치안이 불안정한 곳으로 출장을 많이 가다 보니 절로 손이 간다.

선글라스(2016)

잘 어울리는 것 딱 하나만 사기로 마음먹고 족히 100개는 시착해 본 뒤 산 선글라스. 여의도로 출근할 때도, 빙하 위를 걸을 때도, 바람 부는 모래사막에 엎드려 촬영할 때도 내가 본 것을 전부 함께 본 친구 같은 물건이다.

어그 부츠(2012)

한창 유행일 때는 비싸서 바라만 보다가 직장인이 되어 장만한 긴 양털 부츠. 눈비를 피해 조심조심 신고 속지를 넣어 잘 관리했더니 기대하지도 않은 유행이 돌아왔다. 이제 어그 부츠는 유행이 아니라 겨울 필수 아이템이라던데, 그럼 더 고맙고.

우산(2011)

KBS에 합격해 신입사원 연수원에 들어갈 때 샀던 분홍색 우산. 커다란 리본까지 달려 있어 놀림도 많이 받았다. 그때는 이렇게 오랫동안 잃어버리지 않고 쓸 줄은 몰랐는데 지금은 완전히 '내 것'이 된 애틋한 물건. 나이가 들수록 우산을 펼칠 때 살짝 부끄러운 순간이 조금씩 길어지지만, 마흔이 되어도 너를 잃어버리지 않을 테다.

슈트 케이스(2004)

첫 가족 해외여행을 위해 아버지가 사놓고는 한 번도 쓰지 못하고 유품으로 남기신 가방. 요즘은 흔치 않은 바퀴 2개짜리에 무겁기는 왜 이렇게 무거운지. 그래도 등에 메는 것보다는 덜 힘드니 바퀴 달린 가방의 제 역할만 해줘도 고맙다. 몇 년 전 깨진 바퀴를 3만 원에 수리했고 요즘도 대부분의 국내 여행을 함께한다. 그 시절 그 브랜드의 상징이었던 카키색 슈트 케이스를 끌고 있으면, 왠지 짬밥이 30년 넘은 여행 고수가 된 듯한 기분이 든다.

아주 오래되진 않았지만 아끼는 물건들도 있다. 〈환경스페셜〉 팀에 오자마자 남의 눈이 무서워 산 텀블러, 호텔에서 주는 눅눅한 일회용 비닐 캡이 싫어서 산 헤어 캡, 플라스틱 물건일수록 닳을 때까지 쓰자는 생각으로 수년째 갖고 다니는 빨래 비닐은 집을 떠날 때마다 꼭 데려가는 물건들이다. 숙소에서든 행사장에서든 일회용품은 웬만하면 뜯지 않으려 한다. 내 마음에 쏙 드는 걸로 사서 오래 쓰는 편을 선호한다. 나 하나 안 쓴다고 일회용품이 사라지는 게 아니라는 것은 잘 알지만, 내가 안 쓴 만큼 꼭 필요한 사람이 쓸 수 있게 남겨두자는 마음으로 행동한다.

덤으로 내 기분도 좋다. 한때는 비치된 일회용품을 뜯고 챙기며 숙박비의 본전을 뽑는 것이 기뻤던 시절이 있다. 전부 내가 낸 돈에 포함된 거니까 안 쓰면 손해라 생각했다. 요즘 나는 일회용품을 뜯지 않으면서 이런 잡다한 물건을 챙겨주지 않아도 되는 사람, 손이 덜 가는 사람이 된 기분을 즐긴다. 나에게 필요한 물건은 스스로 가져와서 쓰면 된다. 오래 쓰고, 고쳐 쓰고, 없으면 쓰지 않고, 조금 추워도 더워도 무거워도 불편해도 견딜 수 있는 지금의 내가 좋다. 여름용 빨대 텀블러를 따로 사야 하나 찾아보다가 '빨대 없으면 큰일나냐?'라고 내린 오늘의 결론도 썩 마음에 든다.

마지막으로 환경 행사 관계자분들께 부탁이 있다. 에코백, 텀블러, 보조 배터리 그리고 모든 친환경 굿즈들은 마음만 받을게요. 거기 올 정도면 다들 집에 그런 거 있을 테니까요.

아리수와
오 드 파리

"서울의 수돗물은 마시기에
적합하지 않나요?"

센강이 내려다보이는 스위트룸의 냉장고는 텅 비어 있었다. 정수기는커녕 유리병에 담긴 생수조차 없었다. 1박에 50만 원이 넘는 객실, 물을 마시려면 화장실로 가야 했다. 세면대의 수도꼭지 아래에는 '마시는 물'이라는 스티커가 붙어 있었다. 이 호텔에서 마시는 물은 곧 손 씻는 물이며, 배관을 거쳐 나오는 파리의 수돗물 '오 드 파리Eau de Paris'였다.

객실이 700개가 넘는 4성급 호텔 노보텔 파리 상트르 투르 에펠Novotel Paris Centre Tour Eiffel은 2022년 건물에서 에비앙을 치웠다. 숙박객은 화장실 또는 복도의 음수대에서 텀블러에 물을 받아 마셔야 한다. 음수대는 '워터 바Water Bar'라는 그럴싸한 이름으로 불리는데 역시나 나오는 건 수돗물이다.

상상만 해도 배가 살살 아파온 건, 물갈이에 대한 걱정 때문만은 아니었다. 파리의 수돗물은 생수보다 최대 200배 저렴하며, 하루에 1.5L씩 1년간 마시는 비용이 겨우 2.2유로다.[18] 숙박객은 수돗물을 마시고 호텔은 생수값을 아끼고, 이게 맞나?

카베 마다니Kaveh Madani 유엔대학 물·환경·보건연구소장에 따르면 1L짜리 생수 한 병을 생산하는 데는 약 5L의 물이 필요하다.[19] 병에 담기는 물만 아니라 플라스틱 생산 및 세척 과정에 사용되는 물의 양도 포함해야 하기 때문이다. 여기에 공장에서 판매처로 물을 운송하는 데 드는 화석 연료와 그에 따른 온실가스 배출이 더해지면 플라스틱병에 담긴 생수의 탄소 배출량은 수돗물의 약 600배에 이르게 된다.[20] 1분마다 100만 병, 1년이면 약 6,000억 병의 생수가 판매되는 것을 감안하면 플라스틱 폐기물의 양도 어마어마할 것이다.[21]

그렇다 하더라도, 고급 호텔이 그런 것까지 신경 써야 할까? 멀리서 온 손님에게 물 한 병 주지 않는 건 서비스의 기본이 안 된 것 아닐까? 그래서 나는 이 호텔을 촬영하기로 했다. 고객에게 예의가 아니라거나, 위생 문제가 우려된다며 빠져나갈 구석이 많은데도 굳이 아무도 시키지 않은 모험을 감행하는 이들은 언제나 나의 관심 1순위다. '친환경'을 차별화된 홍보 전략으로 삼을 필요가 없을 만큼 잘 나가는 글로벌 기업이라면 시청자들을 설득하기에도 더 좋다.

"보셨죠? 선진국 프랑스, 유명한 노보텔도 합니다. 비싼 스위트룸도 예외는 아닙니다."

수돗물을 마시도록 고객들을 설득한 비결을 묻자, 로랑 모귀 Laurent Mauguit 총지배인은 의아한 표정을 지었다.

"서울의 수돗물은 마시기에 적합하지 않나요?"

엄연히 '마시는 물'로 홍보되는 서울의 아리수는 설비 개선을 위해 2024년에 투입된 세금만 5,000억 원이다.[22] '먹는 물 수질 기준'에 따라 60개 항목을 검사하는 생수와 달리 아리수는 세계보건기구WHO 기준의 2배가 넘는 357개 항목의 수질 검사를 실시한다.[23]

한편 '기업이 어련히 알아서 잘하겠지'라는 믿음과 달리, 생수 업체가 수질 기준을 위반해 적발되는 사례는 매년 수십 건에 이른다. 대부분 기사화도 되지 않고 처벌은 솜방망이 수준이다. 세균이 초과 검출되면 경고, 발암물질인 크롬이 초과 검출되어도 취수 금지 1개월에 그치고, 이마저 환경부 홈페이지에 3개월간 고시되었다가 삭제된다. 수차례 적발된 업체들은 상호만 바꿔 영업을 지속하고, 하나의 취수 업체가 여러 브랜드에 생수를 공급하는 일도 허다하다.

그럼에도 수돗물에서 유충이 발견되었다는 뉴스가 어쩌다 한 번 보도되면, 물값이 비싸봤자 얼마나 하냐며 생수로 손이 가는 게 사람 마음이다. 물맛 블라인드 테스트에서 수돗물이 생수보다 높은 점수를 받아도 불신은 여전하다. 눈으로 들여다볼 수 없는 낡은 배관을 타고 온 물을 신뢰할 수 없기 때문이다. 그런데 생수업체의 취수관도 보이지 않는 건 마찬가지다. 그러나 그곳의 위생 상태를 의심하는 사람은 거의 없다. 마개가 닫힌 투명한 생수병을 보고 있으면, 깊은 산 속에서 길어 올린 깨끗하고 순수한 샘물이 먼지 한 톨 없는 공장에서 그대로 병에 담겼을 것만 같다. 반면 수돗물은 돈 아끼려고 마시는 정체불명의 물이라는 인식이 사라지지 않는 한, 아리수가 오 드 파리가 되는 날은 오지 않을 것이다.

그래서 나는 '우리도 수돗물을 마셔야 한다'가 아닌, '우리도 수돗물을 마시고 싶긴 한데'라는 메시지를 담고자 파리의 4성급 호텔을 택했다. 그렇게 좋은 수돗물이면 고급 호텔에서 마시지 않을 이유가 없다. 우리나라 5성급 호텔과 정부 행사에서 수돗물이 '식수'로 자리 잡으면 굳이 홍보 다큐멘터리를 만들어 이런저런 설명을 하지 않아도 된다. 혹시나 그런 중요한 자리에 수돗물을 내놓기가 망설여진다면, 자신이 생길 때까지 배관을 교체

하고 물맛을 더 올려야 한다. 그런 다음에야 우리는 아이들에게 환경을 위해 수돗물을 마시자고 권할 수 있다.

서울 수돗물은 500mL에 0.29원이다.[24] 편의점에서 파는 500mL 생수는 보통 1,000원이 넘는다. 예전에 내가 박스째 주문하던 생수는 500mL 한 병이 300원이었는데, 그마저도 아리수보다 1,000배는 비싼 셈이다. 1만 원짜리 물건이 미심쩍어서 1,000만 원짜리 물건을 사는 것과 다르지 않다. 그래서 나는 더 많은 사람들이 수돗물을 마시고 더 깐깐하게 수돗물을 비판하고 더 많은 세금이 수돗물에 쓰이길 바란다. 아무래도 집 배관이 못 미덥다면 전화로 아리수 품질 확인 서비스를 신청해 보자. 검사원이 직접 방문해 무료로 수질 검사를 해준다.[25] 안산, 울산, 전주, 제주 등 많은 지역에서도 유사한 서비스를 제공하고 있다.

파리 호텔에서 생수병이 치워지는 동안, 우리나라 호텔에도 변화는 있었다. 일반 생수병이 무라벨 생수병으로 바뀌더니, 최근에는 생수병 대신 정수기가 등장했다. 객실이 수백 개가 넘는 대형 호텔들이 방마다 정수기를 놓으면서 정수기 업체가 때 아닌 특수를 맞기도 했다.

정수기는 플라스틱 쓰레기가 나오지 않으니 친환경이라는 홍보 문구를 본 순간, 동물 가죽을 쓰지 않았으니 친환경 비건 제품이라던 합성 섬유 재킷 광고가 떠올랐다. 눈에 보이는 플라스틱 쓰레기가 없어지는 건 '친환경 맛'일 뿐 친환경이 아니다. 플라스틱의 탄소 배출은 폐기 과정에서 9%, 생산 및 가공 과정에서 91%가 발생한다.[26] 생수병보다 훨씬 무겁고, 복잡한 공정이 필요한 플라스틱 소재의 정수기가 해결책이 될 수 없는 이유다. 정수기의 탄소 배출량은 수돗물의 약 400배에 이른다.[27]

호텔만 탓할 수는 없다. 파리에서는 수돗물을 권유하는 노보텔도 서울에서는 객실마다 생수 2병을 제공한다. 2024년 3월에는 '자원의 절약과 재활용촉진에 관한 법률'이 시행되어 대형 호텔에서 일회용 어메니티(칫솔, 치약, 면도기, 샴푸, 린스)의 무상 제공이 금지되었는데, 이 소식에 달린 댓글들이 민심을 말해준다.

"공짜로 주던 걸 안 주면 고객만 손해다."

"다회용기에 누가 무얼 넣을지 어떻게 아나?"

특히 기억에 남는 댓글은 "외국인들이 우리나라 5성급 호텔 오면 기함하겠네요"였다. 나라 망신에 관한 다양한 견해는 차치하고, 세계 트렌드가 생각하시는 것과 다르다는 말씀부터 드려야겠다. 어메니티를 없애는 조치는 비용을 절감하려는 호텔과 국민을 괴롭히려는 공무원의 야합이 아니다. 법으로 강제하기 전부터 이미 글로벌 호텔 체인들은 유럽, 미국에서 선도적으로 일회용 어메니티를 없애왔다.

세계 1위의 호텔 체인 메리어트Marriott는 2018년 북미 지역에서 객실 내 어메니티를 대용량 용기로 교체했고, 2022년에는 전 세계 약 90%의 호텔로 시행을 확대했다. 우리에게는 인터컨티넨탈Intercontinental로 익숙한 IHG와 하얏트Hyatt도 일회용 어메니티와 생수 제공을 제한하겠다고 발표했다.[28]

이러한 변화는 호텔의 일방적 결정이 아니었다. 메리어트는 시험 삼아 어메니티를 없애 본 북미 1,000개의 호텔에서 투숙객들의 피드백이 압도적으로 긍정적이었다는 점에 주목했다.[29] 이쯤이면 안심해도 되지 않을까? 외국인 관광객들이 우리나라 호텔의 대용량 샴푸 통을 보고 충격에 빠질 거란 걱정은 접어두어도 될 듯하다.

"마지막 질문입니다. 당신도 수돗물을 마시나요?"

"그럼요. 집에서도 호텔에서도 수돗물을 마십니다. 모두에게 권하고 있어요."

총지배인은 망설임 없이 대답했다. 환경이 걱정되지만, 호구가 되고 싶지도 않은 나는 늘 말한다. 오너 일가에게 권하지 못할 다회용기 사용과 전기 절약은 고객에게도 권하지 말라고, 스위트룸에 놓지 않을 '지구를 위해 시트를 갈지 말아주세요' 안내문이라면 스탠다드룸에도 놓지 말라고. 친환경 실천이 '올드 머니 룩Old Money Look'이 되면 너나 할 것 없이 따라 할 것이고, 그때가 되면 나는 다큐멘터리로 TMI를 늘어놓는 일을 그만둘 것이다.

근거 있는
희망

"아이고, 수고하십니다."

"와, 이거 방송 나가면 사람들 꽤 충격받겠는데요?

촬영 감독님이 뷰파인더에서 눈을 떼지 못한 채 말했다. 시사 프로그램 경력만 20년, 발이 푹푹 빠지는 갯벌이든 퀵서비스 오토바이 위에서든 태연하게 풀, 타이트, 인서트를 찍어내는 분이었다. 하지만 비닐 포장도 뜯지 않은 채 불 속으로 던져지는 새 옷들은 그에게도 신선한 피사체였나 보다.

사무실을 오가는 사람들의 반응도 나쁘지 않았다. 편집기에 띄워진 가나의 옷 무덤, 옷을 씹어 먹는 소를 본 후배 PD는 말했다.

"대박. 이런 건 어떻게 찾았어요?"

으레 하는 격려의 말이겠거니 했다. 방송일이 임박한 PD에게는 원래 시시해도 놀란 척, 지루해도 재미있는 척을 해주는 것이 강호의 도리 아니던가? 어차피 돌이킬 수도 없고 망한 것은 본인이 제일 잘 알 테니 고행길에 노잣돈 없는 심정으로 하는 덕담이리라. 〈옷을 위한 지구는 없다〉는 소위 '힘을 준' 특집도 아니었다. 매주 방송되는 〈환경스페셜〉의 한 에피소드일 뿐이었다. 지금껏 내가 만든 수십 개의 프로그램처럼 한 번 방송되고 잊힐 것이 뻔했다. 최종 파일을 넘긴 뒤, 나는 가족 단톡방에 본방 시간을 알리며 프로그램을 떠나보냈다. 옷들아, 함께해서 힘들었고 다시는 만나지 말자!

그리고 3년이 지났다. 얼마 전, 〈옷을 위한 지구는 없다〉를 매장에 틀어두고 싶다는 의류 브랜드와의 미팅이 있었다. 프로그램 내용을 잊을 만하면 강연과 인터뷰 요청이 들어온다. 특히 패션의 본진이라 할 만한 하퍼스 바자 코리아 Harper's BAZAAR Korea 와 서울디자인재단의 연락은 뜻밖의 즐거움이었다. 많은 분의 관심 덕분에 '지구는 없다'는 시리즈가 되어 어느덧 네 번째 에피소드 〈지속 가능한 지구는 없다〉가 시청자들을 만났다.

놀랍고 감사하고 또 슬픈 일이다. '지구는 없다!'라고 외치는 프로그램에 많은 사람들이 고개를 끄덕인 건 지구에 정말 큰일이 나고 있다는 뜻일 테니 말이다. 2023년 여름, 수해로 전국이

슬픔에 잠긴 때〈아침마당〉이 결방되고〈옷을 위한 지구는 없다〉가 긴급 편성되기도 했다. 재방송이 나가자 인터넷 커뮤니티에는 요즘 날씨를 보니 환경 문제가 심상치 않은데 옷을 그만 사야겠다는 감상평이 여럿 올라왔다. '폭우와 옷이 무슨 상관이냐며 시청자들이 황당해하지 않을까?' 하던 생각은 기우였다.

프로그램을 잘 만들어서가 아니다.〈옷을 위한 지구는 없다〉가 10년 전에 방송되었다면 어땠을까? "옷이 플라스틱입니다"라는 말에 사람들은 이렇게 반응하지 않았을까?
"그래서 어쩌라고? 플라스틱이 나쁜 거야?"
느리지만 사회는 분명히 변화하고 있다. 그것이 우리가 사는 행성에 대한 진심 어린 걱정이든, 더 이상 이래서는 안 된다는 각성이든, 또는 등 떠밀린 선택이든 모두가 친환경을 자처하는 시대가 왔다. 한때 스타벅스 일회용 컵은 패션 아이템이었다. 요즘은 카메라가 있는 곳에서는 누구나 일회용 컵을 숨기기 바쁘다. 인터뷰 촬영 전 테이블 위의 두루마리 휴지나 쓰레기통을 감추는 게 당연하듯, 일회용 플라스틱은 있어도 있으면 안 되는 것이 되었다.

기업 섭외하느라 힘들겠다는 주변의 걱정도 반만 맞는 이야기다. 함께 일하던 작가님은 'ESG'라는 말을 꺼내는 순간 긴 설명이 필요 없다고 했다. 수화기 너머 홍보 담당자들은 적극적이고 호의적이었다. 실제로 〈환경스페셜〉을 제작하는 동안 식품, 패션, 전자 제품 대기업이 취재 요청에 응했다. 석유화학 기업부터 엔터테인먼트사까지 지속 가능성을 말하는 시대, "우리 기업은 환경에는 관심 없어서요"라고 누가 말할 수 있을까? "부회장님이 꼭 하라고 하셨습니다"라며 번거로움을 무릅쓰고 창고와 공장을 열어 보인 곳도 있었다.

물론 기업이 보여주고 싶어하는 것과 우리가 촬영하고 싶은 것 사이에는 간극이 존재한다. 그럼에도 서로 "아이고, 수고하십니다" 하며 만날 수 있어 반가웠다. 지갑을 여는 소비자들이 환경에 관심을 가진 덕분에 따라온 호의였을 것이다. 소비자는 곧 시청자이기도 하다. 아무리 충격적인 장면을 보여줘도 그걸 보고 온 마음으로 괴로워하는 분들이 없었다면 프로그램의 수명은 본방 시간 50분, 딱 그만큼일 뿐이다.

심심할 때면 포털에 내가 만든 프로그램 제목을 검색해 보기도 하고, 영상에 달린 댓글도 읽어본다. 〈옷을 위한 지구는 없다〉를 보고 친구들과 1년간 옷 안 사기 챌린지를 하고 있다는 분, 〈먹다 버릴 지구는 없다〉를 보고 마감 임박 식품으로 장보기를 전파했다는 분, 〈아이를 위한 지구는 없다〉를 보고 약정이 끝난 휴대전화를 계속 쓰기로 결심했다는 분, 〈지속 가능한 지구는 없다)를 보고 텀블러에 수돗물을 담아 마시기 시작했다는 분들을 보면 힘들었던 제작 과정이 추억으로 보정된다. 개떡같이 만들어도 찰떡같이 봐주시니 얼마나 감사한지! 제작자의 손을 떠난 프로그램은 시청자의 것이라는 말을 이제는 믿는다. 조금 유난스러운 사람이 되겠다는 용감한 다짐들을 보면 근거 있는 희망도 생긴다. 5년 뒤 세상은 또 어떻게 바뀌어 있을까?

에필로그

이 책의 시의성이
어서 사라지기를

    2019년 경제 다큐멘터리 제작팀에 잠시 몸을 담았다. 우리는 10개국을 돌며 트럼프의 미국 중심주의, 일본의 아베노믹스, 영국의 브렉시트로 흔들리는 세계 경제 상황을 취재했다. 공들여 찍은 3부작 다큐멘터리는 2020년 1월에 방송되었다. 2%라는 저성장 시대에 접어든 한국 경제, 어디로 가야 하는가! 마지막 회 방송 바로 다음 날인 1월 20일, 국내 첫 코로나19 확진자가 발생했다. 모두가 알다시피 그해 세계 경제는 마이너스 성장을 했다. 2020년 우리의 삶에서 2019년에 예측 가능했던 것은 없었다. 코로나의 '코' 자도 없이 2020년 세계 경제를 전망할 수는 없는 노릇이다. 세상에 내놓자마자 '옛날 이야기'가 된 프로그램을 보며 허탈했다.

환경 프로그램을 만들면서 그 허탈함은 바람이 되었다. 내가 만든 다큐멘터리의 시의성이 하루 빨리 휘발되기를 늘 소망한다. '다 같이 쥐를 잡자'라는 1970년대 공익 광고에 웃음이 터져 나오는 것처럼 언젠가는 '지구는 없다' 시리즈도 옛날 옛적 웃긴 프로그램이 되기를 바란다. 그런 세상에서 환경 프로그램을 제작하기는 꽤나 어려울 것이다. 섭외든 인터뷰든 되는 일이 하나도 없을 테니 말이다.

"요즘 그렇게 막 태우고 버리는 기업이 어디 있어요? 대체 언제 적 얘기를 하는 거예요?"

가끔 상상한다. 지옥 같은 환경 오염 현장을 더 이상 찾기 힘든 그런 날을. 아무리 자료를 조사해도 방송 아이템이 없어 전전긍긍하다가 이렇게 깨끗한 세상에서 환경 시사 분야는 미래가 없다고 투덜대는 내 모습을.

'환경'이 중요한 화두가 아닌 날이 오기를 진심으로 꿈꾼다. 기후 위기가 모두의 관심사이며 지속 가능성에 관한 프로그램이 꼭 있어야 하는 이 시대가 스치듯 지나가기를 바란다. 대단한 기술이 발명되어 기후 문제가 갑자기 해결되는 것이 아니어도 괜찮다. '바르게 숨 쉬는 법'에 대한 방송이 필요 없듯이 지속 가능한 삶이 당연한 것이 되면 '지구는 없다' 같은 프로그램은 필요치 않다.

그날이 되면 이 책도 쓸모없어지겠지. 그럼 나도 환경팀에 처음 왔던 때처럼 다시 다이빙 수트를 입을 생각이다. 산호를 물고 자는 그물코쥐치를 찍으며 제주 밤바다가 이렇게 아름답다는 걸 보여주고 싶다. 보는 사람마저 꾸벅꾸벅 잠에 드는 프로그램을 만드는 할머니 PD가 되고 싶다.

미주

프롤로그

1. IPCC, "AR6 Synthesis Report: Climate Change 2023", 2023, https://www.ipcc.ch/report/ar6/syr/longer-report
2. UN Climate Summit, "Comparing climate impacts at 1.5°C, 2°C, 3°C and 4°C", 2023, https://unclimatesummit.org/comparing-climate-impacts-at-1-5c-2c-3c-and-4c/
3. Dave Chambers, "Day Zero: The city of Cape Town is about to run out of water – its main reservoir is only 12% full", *Independent*, 2018년 2월 5일, https://www.independent.co.uk/climate-change/news/day-zero-cape-town-drought-no-water-run-out-reservoir-supply-12-per-cent-16-april-south-africa-a8195011.html
4. 서울특별시 서울물연구원, 「서울워터, 2023 : 서울물연구원 연구보고서」, 2023
5. David W. Olivier, "Cape Town's map of water usage has residents seeing red", *The Conversation*, 2018년 1월 19일, https://theconversation.com/cape-towns-map-of-water-usage-has-residents-seeing-red-90188

1장 — 걸어서 환경 속으로

1. 환경부, 「청주 북이면 소각시설 주민건강영향조사 설명회 보도자료」, 2021년 5월 13일, https://www.me.go.kr/home/web/board/read.do?menuId=10525&boardMasterId=1&boardCategoryId=39&boardId=1452080
2. 화학물질안전원, 「화학물질 배출·이동량 정보」, 2020, https://icis.me.go.kr/prtr/prtrInfo/yearSearch.do
3. 조유나 구성, 김가람 연출, <생로병사의 비밀 – 환경성 질환>, KBS, 2020년 10월 14일

4 환경부, 「장점마을 주민건강영향조사 최종 발표회 보도자료」, 2019년 11월 14일, https://www.me.go.kr/home/web/board/read.do?menuId=10525&boardMasterId=1&boardCategoryId=39&boardId=1094540
5 같은 글

2장 ― 옷을 위한 지구는 없다

1 "Used Clothing Historical Data(2021)", *OEC*, https://oec.world/en/profile/hs/used-clothing?latestTrendsFlowSelector=flow1&yearSelector1=2021
2 J. Branson Skinner, *Fashioning Waste: Considering the Global and Local Impacts of the Secondhand Clothing Trade in Accra, Ghana and Charting an Inclusive Path Forward*, (Master's thesis, University of Cincinnati, 2019), https://theor.org/newsroom/post/59
3 Linton Besser, "Dead white man's clothes", *ABC*, 2021년 8월 12일, https://www.abc.net.au/news/2021-08-12/fast-fashion-turning-parts-ghana-into-toxic-landfill/100358702
4 "Used Clothing Historical Data(2022)", *OEC*, https://oec.world/en/profile/hs/used-clothing?yearSelector1=2022
5 J. Branson Skinner, *Fashioning Waste: Considering the Global and Local Impacts of the Secondhand Clothing Trade in Accra, Ghana and Charting an Inclusive Path Forward*」, (Master's thesis, University of Cincinnati, 2019), https://theor.org/newsroom/post/59
6 오빛나 구성, 김가람 연출, <환경스페셜 ― 옷을 위한 지구는 없다>, KBS, 2021년 7월 1일
7 Sarah Steffen, "Trump vs. Rwanda in war over used clothes", *DW*, 2018년 5월 6일, https://www.dw.com/en/trump-against-rwanda-in-trade-war-over-used-clothes/a-44086126
8 UN News, "Conflict, drought, dwindling food support, threatens lives of 20 million in Ethiopia", 2022년 6월 23일, https://news.un.org/en/story/2022/06/1121132
9 C. Juarez, "Ethiopia, the next front of sourcing in the light of the coronavirus crisis", *MDS*, 2020년 3월 9일, https://www.themds.com/companies/ethiopia-the-next-front-of-sourcing-in-the-light-of-the-coronavirus-crisis.html
10 Burberry, *Annual Report 2017/18*, 2018 https://www.burberryplc.com/content/dam/burberryplc/corporate/documents/investors/annual-

	report-archive/Burberry_AnnualReport_FY17-18.pdf
11	오빛나 구성, 김가람 연출, <환경스페셜 – 옷을 위한 지구는 없다>, KBS, 2021년 7월 1일
12	UNFCCC, "UN Helps Fashion Industry Shift to Low Carbon", 2018년 9월 6일, https://unfccc.int/news/un-helps-fashion-industry-shift-to-low-carbon
13	Daisy Woodward, "Ten key items in our wardrobe is enough – here's why", *BBC*, 2024년 11월 17일, https://www.bbc.com/culture/article/20241114-why-ten-key-items-in-our-wardrobe-is-enough
14	Textile Exchange, *Materials Market Report 2023*, 2023년 12월 1일, https://textileexchange.org/knowledge-center/reports/materials-market-report-2023/
15	Damian Carrington, "Microplastics found in human blood for first time", *The Guardian*, 2022년 3월 24일, https://www.theguardian.com/environment/2022/mar/24/microplastics-found-in-human-blood-for-first-time
16	Marcus Eriksen et al., "A growing plastic smog, now estimated to be over 170 trillion plastic particles afloat in the world's oceans—Urgent solutions required", *PLOS ONE* 18, no.3 (2023): e0281596, https://doi.org/10.1371/journal.pone.0281596
17	Julien Boucher, Damien Friot, *Primary Microplastics in the Oceans : a Global Evaluation of Sources*, IUCN, 2017, https://portals.iucn.org/library/sites/library/files/documents/2017-002-En.pdf
18	Roman Bahnaru, "Plastic in clothing and the effects on the human body", *e-Circular*, 2023년 4월 11일, https://e-circular.org/en/managementul-deseurilor/plasticul-din-imbracaminte-si-efectele-asupra-organismului-uman/
19	Ellen MacArthur Foundation, *A new textiles economy: Redesigning fashion's future*, 2017
20	EEA, *Microplastics from textiles: towards a circular economy for textiles in Europe*, 2022, https://www.eea.europa.eu/publications/microplastics-from-textiles-towards-a
21	Naveen Singh, Vishal Shinde, "Sustainable Cotton Cultivation Unveiled: Rainfed Farming and the NICE Standard", *Control Union Global*, 2024년 1월 26일, https://www.controlunion.com/nl/insight/sustainable-cotton-cultivation-unveiled-rainfed-farming-and-the-nice-standard/#:~:text

=Globally%2C%20250%20billion%20tons%20of,with%2042%25%20coming%20from%20groundwater.

22 AP, "Macron visits cultural centre ahead of G7", YouTube, 2019년 8월 24일, https://youtu.be/kDMubIqAb_I?si=lXdqENIwuypYWtzF

23 Emmanuel Macron, "G7 Biarritz: qu'est-ce qui a été décidé?", Élysée, 2019년 8월 28일, https://www.elysee.fr/emmanuel-macron/2019/08/28/g7-biarritz-quest-ce-qui-a-ete-decide

24 오빛나 구성, 김가람 연출, <환경스페셜 – 옷을 위한 지구는 없다>, KBS, 2021년 7월 1일

25 Patagonia, "Polyester", 2025, https://www.patagonia.com/our-footprint/polyester.html#:~:text=Polyester%20is%20a%20naturally%20water%2Drepellent%20material%20that,virgin%20polyester%20in%20our%20products%20by%202025.

26 <트루 라이브쇼>, 스토리온, 2014년 7월 25일

27 Kyle Munzenrieder, "Why Jane Fonda's Oscars Dress Was a Repeat From Cannes", *W Magazine*, 2020년 2월 10일, https://www.wmagazine.com/culture/jane-fonda-2020-oscar-dress-rewore-cannes

28 Joanna Whitehead, "Oscars 2020: Jane Fonda recycles six-year-old gown following declaration that she will no longer buy new clothes", *Independent*, 2020년 2월 10일, https://www.independent.co.uk/life-style/fashion/oscars-2020-jane-fonda-dress-sustainability-recycling-red-coat-climate-a9326421.html

29 "Jane Fonda and Ted Danson arrested during climate protest", *Reuters Archive Licensing*, video, 2019년 10월 25일, https://reuters.screenocean.com/record/1438891

30 Katie Intner, "Jane Fonda Says Her Red Climate Change Protest Coat Is the 'Last Article of Clothing I'll Ever Buy'", *People*, 2019년 11월 8일, https://people.com/style/jane-fonda-red-coat-shopping-clothing-protest-climate-change/

31 Lisa Respers France, "Joaquin Phoenix plans on wearing the same tux to every event this awards season", *CNN*, 2020년 1월 8일, https://edition.cnn.com/2020/01/08/entertainment/joaquin-phoenix-tux-trnd/index.html

32 Rosa Sanchez, "Cate Blanchett Doesn't Think Her Outfit Repeating Is That Big of a Deal", *Harpers Bazaar*, 2023년 3월 10일, https://www.harpersbazaar.com/celebrity/latest/a43272882/cate-blanchett-defends-outfit-repeating-red-carpet/

33 Steph Eckardt, "Cate Blanchett Has Been Quietly Recycling Looks at the Venice Film Festival", *W Magazine*, 2020년 9월 9일, https://www.wmagazine.com/culture/cate-blanchett-rewearing-venice-film-festival-red-carpet

3장 — 먹다 버릴 지구는 없다

1 UNEP, *Food Waste Index Report 2024*, 2024년 3월 27일, https://www.unep.org/resources/publication/food-waste-index-report-2024
2 FAO, *Food Wastage Footprint: Impacts on Natural Resources*, 2013, https://www.fao.org/4/i3347e/i3347e.pdf
3 Jess Hearne, "In Plain sight: Copenhagen's not-so-hidden gems.", *The International*, 2024년 11월 11일, https://www.the-intl.com/post/in-plain-sight-copenhagen-s-not-so-hidden-gems
4 Adrienne Murray, "The incinerator and the ski slope tackling waste", *BBC News*, 2019년 10월 4일, https://www.bbc.com/news/business-49877318
5 Jakob Martini, Niels Sandøe, "Truende milliardtab tvinger borgmestre til U-vending: Vil sejle udenlandsk affald til Amager", *Finans*, 2016년 8월 10일, https://finans.dk/erhverv/ECE8904112/truende-milliardtab-tvinger-borgmestre-til-uvending-vil-sejle-udenlandsk-affald-til-amager/?ctxref=fpfinans
6 Justine Lovell, "Copenhill waste-to-energy plant: How hot is it?", *Australian Energy Council*, 2018년 4월 20일, https://www.energycouncil.com.au/analysis/copenhill-waste-to-energy-plant-how-hot-is-it/
7 Christian Wenande, "Copenhagen abandons 2025 CO2-neutrality goal", *The Copenhagen Post*, 2022년 8월 23일, https://cphpost.dk/2022-08-23/news/copenhagen-abandons-2025-co2-neutrality-goal/
8 City of Copenhagen, "Mobility – how we get around in the city", *Urban Development*, 2025, https://urbandevelopmentcph.kk.dk/mobility-cycling/mobility-how-we-get-around-in-the-city
9 Motorstyrelsen, "Registration tax and rates", *The Motor Vehicle Agency*, 2025, https://motorst.dk/en-us/individuals/vehicle-taxes/registration-tax/registration-tax-and-rates
10 European Commission, *Special Eurobarometer on Climate Change*, 2023, https://europa.eu/eurobarometer/surveys/detail/2954
11 WWF-UK, "8 things to know about palm oil", *WWF*, https://www.wwf.org.uk/updates/8-things-know-about-palm-oil

12   Natasha Spencer-Jolliffe, "How much progress has really been made on sustainable palm oil production?", *Confectionery News*, 2024년 7월 10일, https://www.confectionerynews.com/Article/2024/07/10/Sustainable-palm-oil-progress-questioned/

13   오빛나 구성, 김가람 연출, <환경스페셜 – 먹다 버릴 지구는 없다>, KBS, 2022년 3월 10일

14   UNEP, "Fighting fires on Indonesia's peatlands", 2018년 5월 22일, https://www.unep.org/news-and-stories/story/fighting-fires-indonesias-peatlands

15   Jewel Topsfield, "Toxic haze from Indonesian forest fires may have caused 100,000 deaths: report", *The Sydney Morning Herald*, 2016년 9월 19일, https://www.smh.com.au/world/toxic-haze-from-indonesian-forest-fires-may-have-caused-100000-deaths-report-20160919-grjo4n.html

16   World Bank, *The Cost of Fire: An Economic Analysis of Indonesia's 2015 Fire Crisis*, 2016, https://documents1.worldbank.org/curated/en/776101467990969768/pdf/103668-BRI-Cost-of-Fires-Knowledge-Note-PUBLIC-ADD-NEW-SERIES-Indonesia-Sustainable-Landscapes-Knowledge-Note.pdf

17   Matt Osborn, Paul Torpey, Will Franklin, Emma Howard, "Indonesia forest fires: how the year's worst environmental disaster unfolded – interactive", *The Guardian*, 2015년 12월 1일, https://www.theguardian.com/environment/ng-interactive/2015/dec/01/indonesia-forest-fires-how-the-years-worst-environmental-disaster-unfolded-interactive

18   Radhiyya Indra, "Supreme Court fines company Rp 920 billion over West Kalimantan forest fires", *The Jakarta Post*, 2023년 7월 29일, https://www.thejakartapost.com/paper/2023/07/29/supreme-court-fines-company-rp-920-billion-over-west-kalimantan-forest-fires.html

19   Hans Nicholas Jong, "Burn now, pay later: Fines trickle in from Indonesia's crackdown on forest fires", *Mongabay*, 2023년 11월 7일, https://news.mongabay.com/2023/11/burn-now-pay-later-fines-trickle-in-from-indonesias-crackdown-on-forest-fires/

20   Rachel Nuwer, "Borneo Has Lost 30 Percent of Its Forest in the Past 40 Years", *Smithsonian Magazine*, 2014년 7월 17일, https://www.smithsonianmag.com/smart-news/borneo-has-lost-30-percent-its-forest-cover-past-40-years-180952072/

21　Chris Arsenault, "Indonesia palm oil battle pits farmers against big plantations – TRFN", *Reuters*, 2015년 3월 13일, https://www.reuters.com/article/business/energy/indonesia-palm-oil-battle-pits-farmers-against-big-plantations-trfn-idUSL5N0WD3M3/

22　Bernadette Christina, Fransiska Nangoy, "Explainer: Indonesia moved to 'flush out' palm oil after slow export resumption", *Reuters*, 2022년 6월 10일, https://www.reuters.com/markets/commodities/indonesia-moved-flush-out-palm-oil-after-slow-export-resumption-2022-06-10/

23　IUCN, "What's so special about peatland? The truth behind the bog", 2020년, https://www.iucn-uk-peatlandprogramme.org/sites/default/files/2019-06/Peatland_Leaflet_ONLINE_V2.pdf

24　WFP USA, "8 Facts to Know About Food Waste and Hunger", 2021년, https://www.wfpusa.org/articles/8-facts-to-know-about-food-waste-and-hunger/

25　환경부, 「2023년 전국 폐기물 발생 및 처리 현황」, 2024년, https://www.recycling-info.or.kr/rrs/stat/envStatDetail.do?menuNo=M13020201&pageIndex=1&bbsId=BBSMSTR_000000000002&s_nttSj=KEC005&nttId=1512&searchBgnDe=&searchEndDe=

26　이상아 외, 「묻어도 새어 나오는 메탄, 음식물쓰레기」, 기후솔루션, 2024년, https://forourclimate.org/ko/research/517

27　서울특별시의회 보도자료, 「박석 의원, 환경과 안전을 고려한 주거 문화 조성 제안」, 2023년 6월 15일, https://www.smc.seoul.kr/skin/doc.html?fn=T21768315614366B&rs=/files/trans/board/66/6/

28　환경부, 「2023년 음식물류 폐기물 처리시설 설치 운영 현황」, 2024년, https://me.go.kr/home/web/policy_data/read.do?pagerOffset=0&maxPageItems=10&maxIndexPages=10&searchKey=&searchValue=&menuId=10265&orgCd=&condition.toInpYmd=null&condition.code=A6&condition.fromInpYmd=null&condition.deleteYn=N&condition.deptNm=null&seq=8300

29　홍화경, 「"유통기한 지나도 OK" 내년부터 '소비기한' 표시」, KBS, 2022년 6월 15일, https://news.kbs.co.kr/news/pc/view/view.do?ncd=5486619&ref=A

30　이민선, 「온실가스 주범 음식물쓰레기… 연간 885만톤 배출」, 《그린포스트코리아》, 2021년 4월 1일, https://www.greenpostkorea.co.kr/news/articleView.html?idxno=127566

31　서창완, 「송옥주 의원 "음폐수 활용도 높여 환경오염 줄인다"」, 《린포스트코리아》, 2019년 5월 14일, https://www.greenpostkorea.co.kr/news/articleView.

html?idxno=104076

32 "Loi n° 2016-138 du 11 février 2016 relative à la lutte contre le gaspillage alimentaire", *Journal Officiel de la République Française*, no. 0036 (2016년 2월 12일), texte no. 26, https://www.legifrance.gouv.fr/loda/id/JORFTEXT000032036289

33 오빛나 구성, 김가람 연출, <환경스페셜 – 먹다 버릴 지구는 없다>, KBS, 2022년 3월 10일

34 Nina Lakhani, "The hunger industry: does charity put a Band-Aid on American inequality?", *The Guardian*, 2021년 4월 28일, https://www.theguardian.com/environment/2021/apr/28/our-unequal-earth-food-insecurity-aid-corporate

35 Feeding America, *2024 Annual Report*, https://www.feedingamerica.org/about-us/financials

36 Vincent Kiezebrink, Maarten Hietland, *Hungry for profits*, SOMO 2024년 1월 30일, https://www.somo.nl/hungry-for-profits/

37 Oxfam, "Profiting from pain", 2022년 5월 23일, https://www.oxfam.org/en/research/profiting-pain

38 FAO, "Building on Gender, Agrobiodiversity and Local Knowledge: A Training Manual", 2004, https://www.fao.org/4/y5609e/Y5609E02.htm

39 허선진, 「초신선 축산식품 마케팅 이대로 좋은가?」,《한국농어민신문》, 2020년 12월 1일, https://www.agrinet.co.kr/news/articleView.html?idxno=181316

40 김우선 외, 「유통기한·소비기한 병행표시에 따른 영향분석」, 한국보건산업진흥원, 2013년, https://scienceon.kisti.re.kr/srch/selectPORSrchReport.do?cn=TRKO201600011596#;

41 오빛나 구성, 김가람 연출, <환경스페셜 – 먹다 버릴 지구는 없다>, KBS, 2022년 3월 10일

42 U.S EPA, "Understanding Global Warming Potentials", https://www.epa.gov/ghgemissions/understanding-global-warming-potentials

43 António Guterres, "Secretary-General's remarks to the Security Council on Conflict and Food Security", UN, 2022년 5월 19일, https://www.un.org/sg/en/content/sg/statement/2022-05-19/secretary-generals-remarks-the-security-council-conflict-and-food-security-bilingual-delivered-scroll-down-for-all-english

44 WFP, *The State of Food Security and Nutrition in the World (SOFI) Report – 2024*, 2024, https://www.wfp.org/publications/state-food-security-and-nutrition-world-sofi-report

4장 — 아이를 위한 지구는 없다

1. UNITAR, ITU, Fondation Carmignac, *The Global E-waste Monitor 2024*, https://globalewaste.org/
2. E-순환거버넌스
3. A.O. Odeyingbo, I.C. Nnorom, and O.K. Deubzer, "Used and waste electronics flows into Nigeria: Assessment of the quantities, types, sources, and functionality status", *Science of The Total Environment*, vol. 666 (2019), https://doi.org/10.1016/j.scitotenv.2019.02.102
4. WHO, "Soaring e-waste affects the health of millions of children, WHO warns", 2021년 6월 15일, https://www.who.int/news/item/15-06-2021-soaring-e-waste-affects-the-health-of-millions-of-children-who-warns
5. Sarker M. Parvez et al., "Health consequences of exposure to e-waste: an updated systematic review", *The Lancet Planetary Health* 5, no. 12 (2021), https://doi.org/10.1016/S2542-5196(21)00263-1
6. Alexandra Wexler, Yusuf Khan, "In Quest for Battery Metals, U.S. Takes On Cobalt's 'Inconvenient Truth'", *The Wall Street Journal*, 2023년 8월 24일, https://www.wsj.com/business/in-quest-for-battery-metals-u-s-takes-on-cobalts-inconvenient-truth-80dd8cab?utm_
7. Helen Reid, "Congo artisanal cobalt programme expands with industry backing", *Reuters*, 2020년 4월 21일, https://www.reuters.com/article/world/congo-artisanal-cobalt-programme-expands-with-industry-backing-idUSKCN2231A6/
8. UNCTAD, *Commodities at a Glance: Special Issue on Strategic Battery Raw Materials*, no.13, 2020, https://unctad.org/system/files/official-document/ditccom2019d5_en.pdf
9. Karlien Cheyns et al., "Pathways of human exposure to cobalt in Katanga, a mining area of the D.R. Congo", *Science of The Total Environment* 490 (2014), https://pubmed.ncbi.nlm.nih.gov/24858229/
10. Daan Van Brusselen et al., "Metal mining and birth defects: a case-control study in Lubumbashi, Democratic Republic of the Congo", *The Lancet Planetary Health* 4, no.4 (2020): 158-167
11. SellCell, "How many mobile phones are sold each year?", https://www.sellcell.com/how-many-mobile-phones-are-sold-each-year/#sources-and-media-contacts
12. https://www.centennialbulb.org/photos.htm#anchor1234

13   The Franklin Institute, "Case Files: Thomas A. Edison", https://fi.edu/en/news/case-files-thomas-edison

14   Markus Krajewski, "The Great Lightbulb Conspiracy.", *IEEE Spectrum*, 2014년 9월 24일, https://spectrum.ieee.org/the-great-lightbulb-conspiracy.

15   Giles Slade, *Made to Break: Technology and Obsolescence in America*, Harvard University Press, 2006, https://books.google.ca/books?id=9GdxQSLeFmYC&lpg=PA60&dq=paul%20mazur%20new%20god&pg=PP5#v=onepage&q=paul%20mazur%20new%20god&f=false

16   Bernard London, "Ending the Depression Through Planned Obsolescence", 1932, https://upload.wikimedia.org/wikipedia/commons/2/27/London_%281932%29_Ending_the_depression_through_planned_obsolescence.pdf

17   WEEE Forum, "Of 16 Billion Mobile Phones Possessed Worldwide, 5.3 Billion Will Become Waste in 2022", 2022년 10월 13일, https://weee-forum.org/ws_news/of-16-billion-mobile-phones-possessed-worldwide-5-3-billion-will-become-waste-in-2022/

18   Josh Lipton, Anita Balakrishnan, "Apple apologizes for iPhone slowdowns and offers $29 battery replacements", *CNBC*, 2017년 12월 29일, https://www.cnbc.com/2017/12/28/apple-batterygate-letter-full-text.html

19   Laura Kayali, "Apple fined €25M in France for misleading consumers about slowed-down iPhones", *Politico*, 2020년 2월 7일, https://www.politico.eu/article/apple-fined-e25m-in-france-for-misleading-consumers-about-slowed-down-iphones/

20   현화영, 「"7만원씩 배상도 어렵다" 아이폰 '배터리 게이트' 결국 대법원행… 애플 상고」, 《세계일보》, 2023년 12월 29일, https://www.segye.com/newsView/20231228514207?OutUrl=naver

21   Rachel Lerman, "Apple to pay up to $500M over battery-related phone slowdown", *AP*, 2020년 3월 3일, https://apnews.com/article/acc5b2ad26c05d424dc262f340d8e15e

22   Ken Colburn, "Data Doctors: What iPhone users need to know about USB-C charging cables Android owners have been using for years", *Wtop News*, 2023년 9월 14일, https://wtop.com/tech/2023/09/data-doctors-the-confusing-state-of-usb-c-cables/

23   Gordon Kelly, "Apple Warned About USB-C Ahead Of iPhone 15 Release", *Forbes*, 2023년 5월 6일, https://www.forbes.com/sites/gordonkelly/2023/05/06/apple-iphone-15-pro-max-usb-c-upgrade-speed-data-warning/

24 Bernard London, "Ending the Depression Through Planned Obsolescence", 1932, https://upload.wikimedia.org/wikipedia/commons/2/27/London_%281932%29_Ending_the_depression_through_planned_obsolescence.pdf

25 Kaja Šeruga, "In Austria, the Government Pays to Repair Your Stuff", *Reasons to be cheerful*, 2022년 3월 22일, https://reasonstobecheerful.world/in-austria-the-government-pays-to-repair-your-stuff/

26 UNITAR, ITU, Fondation Carmignac, *The Global E-waste Monitor 2024*, https://globalewaste.org/

27 Francisco Zuloaga et al., *Coolproducts don't cost the earth*, EEB, 2019, https://eeb.org/wp-content/uploads/2019/09/Coolproducts-report.pdf

28 Assemblée Nationale, "Loi relative à la lutte contre le gaspillage et à l'économie circulaire", https://www.assemblee-nationale.fr/dyn/15/dossiers/lutte_gaspillage_economie_circulaire

29 Ministère de la Transition Écologique et Solidaire, "The Anti-Waste Law in the daily lives of the French people, what does that mean in practice?", European Circular Economy Stakeholder Platform, 2020, https://circulareconomy.europa.eu/platform/sites/default/files/anti-waste_law_in_the_daily_lives_of_french_people.pdf

30 오빛나 구성, 김가람 연출, <환경스페셜 – 아이를 위한 지구는 없다>, KBS, 2023년 1월 28일

31 Bethany Bell, "Austrian government launches repair scheme for electronic goods", *BBC*, 2023년 12월 30일, https://www.bbc.com/news/world-europe-67777814

32 Angela Symons, "Austria has helped pay for more than half a million repairs in bid to tackle e-waste", *Euronews*, 2023년 5월 2일, https://www.euronews.com/green/2023/05/02/austria-has-helped-pay-for-more-than-half-a-million-repairs-in-bid-to-tackle-e-waste

5장 — 결코 평등하지 않은 세계

1 Transport&Environment, *Private jets: can the super-rich supercharge zero-emission aviation?*, 2021년 5월 27일, https://www.transportenvironment.org/articles/private-jets-can-the-super-rich-supercharge-zero-emission-aviation

2 같은 글

3   같은 글
4   Anita Snow, "Things to know about heat deaths as a dangerously hot summer shapes up in the western US", *AP*, 2024년 7월 13일, https://apnews.com/article/heat-wave-deaths-things-to-know-781cf92971eb2ace27b98be219c72065
5   Mark Oliver, Michael Sainato, "Millions in US under warnings as record heat expected to continue next week", *The Guardian*, 2023년 7월 16일, https://www.theguardian.com/world/2023/jul/16/us-extreme-weather-record-heat
6   Jenny Leonard, Justin Sink, "Biden Says Extreme Heat Costing US $100 Billion Annually", *Bloomberg*, 2023년 7월 27일, https://financialpost.com/pmn/business-pmn/biden-to-unveil-steps-to-protect-americans-from-extreme-heat
7   Fiona Harvey, "Ban private jets to address climate crisis, says Thomas Piketty", *The Guardian*, 2023년 11월 22일, https://www.theguardian.com/environment/2023/nov/22/ban-private-jets-to-address-climate-crisis-says-thomas-piketty
8   Nicolas Baumard, Coralie Chevallier "'The environmental impact of private jets is largely underestimated'", *Le Monde*, 2022년 9월 13일, https://www.lemonde.fr/en/opinion/article/2022/09/13/the-environmental-impact-of-private-jets-is-largely-underestimated_5996731_23.html?random=1363141191
9   CE Delft, "CO2 emissions from private flights to the World Economic Forum", commissioned by Greenpeace International, 2022, https://www.greenpeace.org/static/planet4-international-stateless/2023/01/1f6a7653-ce-delft_co2-emissions-from-private-flights-to-the-world-economic-forum.pdf
10 WEF, *Global Risks Report 2023*, 2023, https://www.weforum.org/publications/global-risks-report-2023/
11 Chian-Woei Shyu, "Lessons from the World Bank's solar home system-based rural electrification projects (2000–2020): Policy implications for meeting Sustainable Development Goal 7 by 2030", *Energy Reports* 9 (2023), https://www.sciencedirect.com/science/article/pii/S2352484723001361
12 Sean Coughlan, "Prince Harry warns UN of global assault on freedom", *BBC*, 2022년 7월 19일, https://www.bbc.com/news/uk-62212140
13 Sam Dorman, "John Kerry took private jet to Iceland for environmental

award, called it 'only choice for somebody like me'", *Fox News*, 2021년 2월 3일, https://www.foxnews.com/politics/john-kerry-private-jet-iceland-climate-award

14 Allison Lampert, Rajesh Kumar Singh, "Focus: The New Jet Set: How the COVID-driven boom in private jets is still flying high", *Reuters*, 2022년 5월 3일, https://www.reuters.com/business/aerospace-defense/new-jet-set-how-covid-driven-boom-private-jets-is-still-flying-high-2022-05-02/

15 Lucas Chancel et al., *World Inequality Report 2022: Chapter 6 – Global carbon inequality*, World Inequality Lab, 2022, https://wir2022.wid.world/chapter-6/

16 Amazon, *Amazon's 2021 Sustainability Report*, 2022, https://sustainability.aboutamazon.com/2021-sustainability-report.pdf

17 Adam Forrest, Jane Dalton, "Sunak, Cameron and King Charles each take own private jets to travel to Cop28", *Independent*, 2023년 11월 30일, https://www.independent.co.uk/climate-change/news/king-charles-sunak-cameron-cop28-private-jets-b2456050.html

18 Grayson Badgley, "Carbon Offsets Have a Fatal Flaw", *Slate*, 2024년 2월 8일, https://slate.com/technology/2024/02/carbon-offsets-california-fire-neutral-shipping-climate-change.html

19 Alex Ledsom, "France Legally Bans Short-Haul Flights—Environmentalists Want More", *Forbes*, 2023년 6월 4일, https://www.forbes.com/sites/alexledsom/2023/06/04/france-legally-bans-short-haul-flights-environmentalists-want-more/

20 Angela Symons, "Belgium cracks down on private jets and short-haul flights with new tax", *Euronews*, 2022년 12월 12일, https://www.euronews.com/green/2022/12/12/private-jets-and-short-haul-flights-face-pollution-busting-tax-increases-in-belgium

21 Chuck Collins et al., *High Flyers 2023*, Patriotic Millionaires, Institute for Policy Studies, 2023, https://ips-dc.org/wp-content/uploads/2023/04/High-Flyers-2023-Report.pdf

22 Lottie Limb, "Farnborough: Why did Greta Thunberg join hundreds of activists protesting an English airport?", *Euronews*, 2024년 1월 29일, https://www.euronews.com/green/2024/01/29/detached-from-reality-greta-thunberg-prioritises-fight-against-uks-biggest-private-jet-air

23 Abigail Disney, "I used to ride private planes. Now I'd rather get arrested protesting them", *The Guardian*, 2023년 7월 20일, https://www.

theguardian.com/commentisfree/2023/jul/20/private-planes-carbon-emissions-abigail-disney

24 WWA, *Human-induced climate change increased drought severity in Horn of Africa*, 2023년 4월 27일, https://www.worldweatherattribution.org/human-induced-climate-change-increased-drought-severity-in-southern-horn-of-africa/

25 James Douris et al., *Status of Mortality and Economic Losses due to Weather, Climate and Water Extremes(1970-2021)*, WMO, 2023, https://storymaps.arcgis.com/stories/8df884dbd4e849c89d4b1128fa5dc1d6

26 Tim Gore, *Confronting Carbon Inequality: Putting climate justice at the heart of the COVID-19 recovery*, Oxfam, 2020년 9월 21일, https://www.oxfam.org/en/research/confronting-carbon-inequality

27 R. Daniel Bressler, "The mortality cost of carbon", *Nature Communications* 12 (2021), article 4467 https://www.nature.com/articles/s41467-021-24487-w

28 Ashfaq Khalfan, *Climate Equality: A Planet for the 99%*, Oxfam, 2023, https://policy-practice.oxfam.org/resources/climate-equality-a-planet-for-the-99-621551/

29 Julie Gaubert, "Australia: Authorities kill 5,000 camels over environmental concerns", *Euronews*, 2020년 1월 15일, https://www.euronews.com/2020/01/15/australia-authorities-kill-5-000-camels-over-environmental-concerns

30 Louise Boyle, Kelly Rissman, Katie Hawkinson, "Winter storms leave 89 dead across US as chill settles over Great Lakes and Northeast", *Independent*, 2024년 1월 21일, https://www.independent.co.uk/climate-change/news/winter-storm-warning-weather-forecast-snow-b2480627.html?page=12

31 James E. Overland et al., "The Polar Vortex and Extreme Weather: The Beast from the East in Winter 2018", Atmosphere 11, no.6 (2020), https://repository.library.noaa.gov/view/noaa/48230

32 Mike Rantanen et al., "The Arctic has warmed nearly four times faster than the globe since 1979", *Communications Earth & Environment* 3 (2022) article 168, https://www.nature.com/articles/s43247-022-00498-3

33 양소연, 「"지난 12월 기온변동 1위, 서울 2주 새 30도 차"…극단 기상 일상화되나?」, MBC, 2024년 1월 4일, https://imnews.imbc.com/replay/2024/nwdesk/article/6559451_36515.html

34 IPBES, *Global Assessment Report on Biodiversity and Ecosystem*

35   *Services*, 2019, https://www.ipbes.net/global-assessment
35   WRI, "Sustaining Forest for People and Planet", https://www.wri.org/forests
36   WWF, *Living Blue Planet Report 2015*, 2015, https://www.worldwildlife.org/publications/living-blue-planet-report-2015
37   Lucas Reusser, Paul Bierman, Dylan Rood, "Quantifying human impacts on rates of erosion and sediment transport at a landscape scale", *Geology* 43, no. 2 (2015): 171-174, https://pubs.geoscienceworld.org/gsa/geology/article-abstract/43/2/171/131810/Quantifying-human-impacts-on-rates-of-erosion-and
38   U.S. Department of State, "Plastic Pollution", https://www.state.gov/office-of-environmental-quality/plastic-pollution
39   UNEP, *From Pollution to Solution: A Global Assessment of Marine Litter and Plastic Pollution*, 2021, https://www.unep.org/resources/pollution-solution-global-assessment-marine-litter-and-plastic-pollution
40   환경부 보도자료, 「플라스틱 이제는 안녕…다회용품 사용 범국민 실천 확산」, 2023년 8월 16일, https://www.me.go.kr/home/web/board/read.do?menuId=10525&boardMasterId=1&boardCategoryId=39&boardId=1619220
41   Geoffrey Supran, Naomi Oreskes, "Addendum to 'Assessing ExxonMobil's climate change communications (1977–2014)', Supran and Oreskes (2017 Environ. Res. Lett. 12 084019)", *Environmental Research Letters* 15, no. 11 (2020), https://iopscience.iop.org/article/10.1088/1748-9326/ab89d5
42   Geoffrey Supran and Naomi Oreskes, "Rhetoric and frame analysis of ExxonMobil's climate change communications", *One Earth* 4, no. 5 (2021): 696-719, https://www.sciencedirect.com/science/article/pii/S2590332221002335
43   Union of Concerned Scientists, *Smoke, Mirrors & Hot Air*, 2007, https://www.ucsusa.org/resources/smoke-mirrors-hot-air
44   같은 글
45   Geoffrey Supran, Stefan Rahmstorf, Naomi Oreskes, "Assessing ExxonMobil's global warming projections", *Science* 379, no. 6628 (2023), https://www.science.org/doi/10.1126/science.abk0063
46   UNEP, "Emissions Gap Report 2024", 2024, https://www.unep.org/resources/emissions-gap-report-2024
47   Ayesha Tandon, "'Every 0.1C' of overshoot above 1.5C increases risk of

crossing tipping points", *Carbon Brief*, 2024년 8월 1일, https://www.carbonbrief.org/every-0-1c-of-overshoot-above-1-5c-increases-risk-of-crossing-tipping-points/

48 Martha Henriques, "Climate change: The 1.5C threshold explained", *BBC*, 2024년 2월 8일, https://www.bbc.com/future/article/20231130-climate-crisis-the-15c-global-warming-threshold-explained

49 UN Climate Summit, "Comparing climate impacts at 1.5°C, 2°C, 3°C and 4°C", 2023년 4월 25일, https://unclimatesummit.org/comparing-climate-impacts-at-1-5c-2c-3c-and-4c/

50 IPCC, "How Is Climate Change Affecting the Lives of So Many People Around the World?" Key FAQ 3, AR6 WGII Report, https://www.ipcc.ch/report/ar6/wg2/about/frequently-asked-questions/keyfaq3/

51 Ebru Kirezci et al., "Projections of global-scale extreme sea levels and resulting episodic coastal flooding over the 21st century", *Scientific Reports* 10 (2020): 11629, https://www.nature.com/articles/s41598-020-67736-6

52 Swiss Re Institute, *The Economics of Climate Change: No Action Not an Option*", 2021, https://www.swissre.com/institute/research/topics-and-risk-dialogues/climate-and-natural-catastrophe-risk/expertise-publication-economics-of-climate-change.html

53 정해관 외(성균관대학교산합협력단), 한국건강증진재단「기후변화로 인한 건강피해 부담 및 사회경제적 영향평가 관련 연구」, 보건복지부 연구보고서, 2014, https://www.khepi.or.kr/kps/rsrhBusnRept/view?menuId=MENU00894&rsrh_idx=954

54 농림축산식품부 보도자료,「2025년 농작물재해보험, 운영 대상, 보장 재해 등 확대 개편」, 2025년 1월 31일, https://www.korea.kr/briefing/pressReleaseView.do?newsId=156672514

55 농림축산식품부 보도자료,「"올해도 농작물재해보험으로 안심 농사 지으세요!"」, 2015년 2월 17일, https://eiec.kdi.re.kr/policy/materialView.do?num=140149

56 Coral Davenport, "How Climate Change Is Making Tampons (and Lots of Other Stuff) More Expensive", *The New York Times*, 2023년 2월 18일, https://www.nytimes.com/2023/02/18/climate/climate-change-cotton-tampons.html

57 IPCC, "Climate Change 2007: The Physical Science Basis", 2007, https://www.ipcc.ch/report/ar4/wg1/

58 WMO, "State of the Global Climate 2023", 2024, https://wmo.int/

publication-series/state-of-global-climate-2023

59　WMO, "WMO confirms 2024 as warmest year on record at about 1.55°C above pre-industrial level", 2025, https://wmo.int/news/media-centre/wmo-confirms-2024-warmest-year-record-about-155degc-above-pre-industrial-level

60　UN, "Secretary-General's Statement on Official Confirmation of 2024 as the Hottest Year", 2025년 1월 10일, https://www.un.org/sg/en/content/sg/statement/2025-01-10/secretary-generals-statement-official-confirmation-of-2024-the-hottest-year

61　WMO, "WMO confirms 2024 as warmest year on record at about 1.55°C above pre-industrial level", 2025, https://wmo.int/news/media-centre/wmo-confirms-2024-warmest-year-record-about-155degc-above-pre-industrial-level

62　Zeke Hausfather, "I Study Climate Change. The Data Is Telling Us Something New.", *The New York Times*, 2023년 10월 13일, https://www.nytimes.com/2023/10/13/opinion/climate-change-excessive-heat-2023.html

63　Zeke Hausfather, "Emissions are no longer following the worst case scenario.", *The Climate Brink*, 2023년 5월 26일, https://www.theclimatebrink.com/p/emissions-are-no-longer-following?utm_campaign=post&utm_medium=web

64　IEA, *CO2 Emissions in 2023*, 2024, https://www.iea.org/reports/co2-emissions-in-2023

65　Our World in Data, "Per capita CO_2 emissions", https://ourworldindata.org/grapher/co-emissions-per-capita

66　The Minderoo Foundation, "The Plastic Waste Makers Index", 2021, https://cdn.minderoo.org/content/uploads/2021/05/27094234/20211105-Plastic-Waste-Makers-Index.pdf

67　한국에너지공단, 「2023년 신·재생에너지 보급통계 확정치(2024년 공표) 결과 요약」, 2024년, https://www.knrec.or.kr/biz/pds/statistic/view.do?no=390

68　IEA, *CO2 Emissions in 2023*, 2024, https://www.iea.org/reports/co2-emissions-in-2023

69　Our World in Data, "Per capita CO_2 emissions", https://ourworldindata.org/grapher/co-emissions-per-capita

70　IPCC, *Climate Change 2022: Impacts, Adaptation and Vulnerability*, 2022, https://www.ipcc.ch/report/ar6/wg2/

71　Roger S. Ulrich, "View Through a Window May Influence Recovery from Surgery.", *Science* 224, no. 4647 (1984): 420–421, https://doi.org/10.1126/science.6143402
72　민경은 구성, 김가람 연출, <생로병사의 비밀 – 당신에게 녹색을 처방합니다>, KBS, 2020년 7월 15일
73　Cosette Jarrett, "16 cool things we found inside the Spheres, Amazon's urban rainforest in downtown Seattle", *Amazon*, 2023년 6월 6일, https://www.aboutamazon.com/news/workplace/amazon-spheres-seattle-inside-tour
74　Annie Palmer, "'They're putting us all at risk': What it's like working in Amazon's warehouses during the coronavirus outbreak", *CNBC*, 2020년 3월 26일, https://www.cnbc.com/2020/03/26/amazon-warehouse-employees-grapple-with-coronavirus-risks.html
75　Michael Sainato, "'Jeff Bezos values profits above safety': Amazon workers voice pandemic concern", *The Guardian*, 2020년 4월 7일, https://www.theguardian.com/technology/2020/apr/07/amazon-warehouse-workers-coronavirus-safety
76　Will Evans, "Inside one of Amazon's hardest-hit warehouses: 'Why aren't we closing the building?'", *Reveal*, 2020년 5월 20일, https://revealnews.org/article/inside-one-of-amazons-hardest-hit-warehouses-why-arent-we-closing-the-building/

6장 — 딱 내 몫만큼의 지구

1　기상청 보도자료, 「2020년 6월 기상 특성」, 2020년 7월 2일, http://www.climate.go.kr/home/bbs_new/view.php?code=96&bname=monthweather_new&vcode=327&vNum=-163&skind=&sword=&category1=&category2=
2　구경하, 「집중호우 피해 복구율 87.1%, 서울·경기·강원 영서에 호우특보」, KBS, 2020년 8월 14일, https://news.kbs.co.kr/news/pc/view/view.do?ncd=4517453
3　기상청 보도자료, 「2020년 여름철 기상 특성」, 2020년 9월 8일, http://climate.go.kr/home/bbs/view.php?code=58&bname=newsreport&vcode=6445&vNum=1&skind=&sword=&category1=&category2=
4　Jaya House River Park, "Tourism Declares", https://www.jayahouseriverparksiemreap.com/tourism-declares

5 AFAR, "The 2019 AFAR Travel Vanguard", 2019년 10월 2일, https://www.afar.com/magazine/vanguard-2019

6 Tripadvisor, "Travelers' Choice Awards Best of the Best Hotels", https://www.tripadvisor.com/TravelersChoice-Hotels-cTop-g1

7 San Francisco International Airport, "SFO to Prohibit the Sale of Water in Plastic Bottles Starting August 20th", 2019년 8월 13일, https://www.flysfo.com/media/press-releases/sfo-prohibit-sale-water-plastic-bottles-starting-august-20th

8 San Francisco International Airport, "Plastic-Free SFO", https://sustainability.flysfo.com/plastic-free-sfo/

9 Los Angeles World Airports, "Los Angeles World Airports Prohibits Sale of Single-Use Plastic Water Bottles", 2023년 7월 17일, https://www.lawa.org/news-releases/2023/news-release-026

10 NAPCOR, "NAPCOR Life Cycle Analysis Indicates Plastic Bottle Ban at San Francisco Airport Causes Greater Environmental Damage Than Recycling", 2024년 3월 7일, https://napcor.com/news/pet-bottles-best-choice-for-environment/

11 William Samuelson & Richard Zeckhauser, "Status Quo Bias in Decision-Making", *Journal of Risk and Uncertainty*, 1, no.1 (1988): 7-59, https://www.researchgate.net/publication/5152072_Status_Quo_Bias_in_Decision-Making

12 Julia Watzek, Sarah M. Pope & Sarah F. Brosnan, "Capuchin and rhesus monkeys but not humans show cognitive flexibility in an optional-switch task", *Scientific Reports* 9, no. 13195 (2019), https://www.nature.com/articles/s41598-019-49658-0#Abs1

13 George Ainslie and Varda Haendel, "The Motives of the Will", in *Etiologic Aspects of Alcohol and Drug Abuse,* ed. E. Gottheil, K. A. Druley, T. E. Skoloda, and H. Waxman, 1983, 110-140, https://www.picoeconomics.org/Nut2/texts/A&Haendel/Haendel.html

14 Daniel Gilbert, "Why Climate Change Threats Don't Trigger An Immediate Response From Human Brains", *NPR*, 2019년 12월 12일, https://www.npr.org/2019/12/12/787552712/why-climate-change-threats-dont-trigger-an-immediate-response-from-human-brains

15 "Harvard Thinks Big 2010 – Daniel Gilbert – 'Global Warming and Psychology'", Vimeo video, 8:17, posted by "Harvard Thinks Big", 2010년 3월 9일, https://vimeo.com/10324258?utm_campaign=5370367&utm_

	source=affiliate&utm_channel=affiliate&cjevent=9b1c3851376311ef817002c80a1cb825&clickid=9b1c3851376311ef817002c80a1cb825
16	이현정, 「종이컵 없는 마라톤, 탄소량 줄이는 축제… "지구도 더 즐겁게"」, 《서울신문》, 2023년 12월 22일, https://www.seoul.co.kr/news/newsView.php?id=20231222009001&wlog_tag3=naver
17	Suzanne E. Fenton et al., "Per- and Polyfluoroalkyl Substance Toxicity and Human Health Review: Current State of Knowledge and Strategies for Informing Future Research", *Environmental Toxicology and Chemistry* 40, no. 3 (2021), https://academic.oup.com/etc/article/40/3/606/7734619
18	Eau de Paris, "Prix de l'eau", https://www.eaudeparis.fr/prix-de-leau
19	오빛나 구성, 김가람 연출, <다큐 인사이트 – 지속 가능한 지구는 없다: 1부 탄소 해적>, KBS, 2024년 1월 11일
20	서울아리수본부 보도자료, 「아리수, 시중판매 생수보다 탄소 배출 639배 적어… 환경성적표지 인증」, 2025년 1월 17일, https://e-arisu.seoul.go.kr/promotion/report.jsp?brdType=R&peb_idx=792
21	Bouhlel, Zeineb, Köpke, Jimmy, Mina, Mariam and Smakhtin, Vladimir, 2023, "Global Bottled Water Industry: A Review of Impacts and Trends", *United Nations, University Institute for Water, Environment and Health*, https://collections.unu.edu/view/UNU:9106
22	서울아리수본부 보도자료, 「서울시, 정수센터부터 급수관까지 개선해 믿고 먹는 아리수 공급한다」, 2024년 2월 22일, https://e-arisu.seoul.go.kr/promotion/report.jsp?brdType=R&peb_idx=719
23	서울아리수본부 보도자료, 「"아리수, 믿고 드세요"… 서울시, 원수부터 가정까지 수질검사 항목 확대로 엄격한 수질관리」, 2025년 2월 5일, https://e-arisu.seoul.go.kr/promotion/report.jsp?brdType=R&peb_idx=795
24	서울아리수본부, 「가정용 상수도 요금」, https://arisu.seoul.go.kr/c2/sub1_5.jsp
25	서울아리수본부 보도자료, 「서울시, 찾아가는 무료 수질검사 '아리수 품질확인제' 올해 20만 3천 건 완료」, 2024년 12월 3일, https://e-arisu.seoul.go.kr/promotion/report.jsp?brdType=R&peb_idx=780
26	Jiajia Zheng and Sangwon Suh, "Strategies to reduce the global carbon footprint of plastics", *Nature Climate Change*, 9 (2019): 374–378 https://www.nature.com/articles/s41558-019-0459-z
27	서울아리수본부 보도자료, 「아리수, 시중판매 생수보다 탄소 배출 639배 적어… 환경성적표지 인증」, 2025년 1월 17일, https://e-arisu.seoul.go.kr/promotion/report.jsp?brdType=R&peb_idx=792

28 Ryan Barwick, "Hyatt Joins IHG, Hilton and Marriott in Eliminating Miniature Toiletries", *Adweek*, 2019년 11월 12일, https://www.adweek.com/brand-marketing/hyatt-joins-ihg-hilton-and-marriott-in-eliminating-miniature-toiletries/

29 Marriott International, "Marriott International To Eliminate Single-Use Shower Toiletry Bottles From", https://marriott.gcs-web.com/news-releases/news-release-details/marriott-international-eliminate-single-use-shower-toiletry

우리가
말하지 않는
지구

1판 1쇄 발행 2025년 4월 30일
1판 2쇄 발행 2025년 6월 30일

지은이 김가람

발행인 양원석 **편집장** 차선화 **책임편집** 이슬기
디자인 최승원, 김미선 **영업마케팅** 윤송, 김지현, 최현윤, 백승원, 유민경
사진 출처 KBS 〈환경스페셜〉

펴낸 곳 ㈜알에이치코리아
주소 서울시 금천구 가산디지털2로 53, 20층 (가산동, 한라시그마밸리)
편집문의 02-6443-8916   **도서문의** 02-6443-8800
홈페이지 http://rhk.co.kr
등록 2004년 1월 15일 제2-3726호

ISBN 978-89-255-7365-6 (03330)

※ 이 책은 ㈜알에이치코리아가 저작권자와의 계약에 따라 발행한 것이므로
본사의 서면 허락 없이는 어떠한 형태나 수단으로도 이 책의 내용을 이용하지 못합니다.
※ 잘못된 책은 구입하신 서점에서 바꾸어 드립니다.
※ 책값은 뒤표지에 있습니다.